El amor inquebrantable

La revolución de Tacos 3 hermanos

Yamato Furuya

愛を貫く

タコス・トレス・エルマノスの革命

古屋大和

俺たちはどこからきて　どこへいくのか？
メヒコ・エカテペク　日本・富士山・東京・原宿
人生は一瞬の花火　俺たちはその火花
咲かす蓮の花　フロム泥の沼
トレス・エルマノス　知らぬを知るということを知ることと知る
トレス・エルマノス　俺たちは兄弟姉妹だ
愛は湧き上がり　誰かと分け合うもんなんだ
だってタコスは愛だから

contenido

03 メヒコの道端 CARRETERA MEXICANA 047

04 エスパニョール ¿HABLAS ESPAÑOL? 075

07 トレス・エルマノスのやり方
COMO HACER 3HERMANOS

01 脱日本

ESCAPAR DE JAPON

インディへナの女の子

２０１１年、東日本大震災が起きた時に、自分のキャリアを考えるきっかけがあった。心底東京という街に幻滅して、すべてをゼロからはじめようと思ったんだ。都市ってどこも一緒なんだよ。東京だろうがロンドンだろうがミラノだろうが変わらない。どこに行っても同じような暮らしになってしまう。

その頃から、言語交換アプリのハロートークで、世界中の人と話すことをはじめた。ハロートークっていうのは、英語、スペイン語、フランス語、いろんな言葉を学ぶ人が使うアプリで、日本語を学んでる外国人もいる。俺はいろんな言語に興味があって、他のアプリよりも効率的にたくさんの国の人と知り合えた。

そのハロートークで出会った子で、メヒコのインディヘナ（先住民）の女の子がいた。その子が東京に来るって言うから、おっいいね、じゃあ遊ぼうよって。ふたりともレゲエとかの音楽が好きだったから、代々木公園のフェスに行ったりして。そしたら、ちっちゃいのにすごくパワフルなんだ。今考えるとインディヘナっぽい言動の子だったなって思うんだけど。どこの街の出身だったかな。その頃はメヒコのこと全然知らなかったんだけどね。

ある日、彼女が「私、この滞在中に仕事をゲットして日本に住みたい。今度、イミグレーションに連れてってくれない？」って言うんだ。で、品川にある出入国在留管理局に俺のスクーターで行って、外で待ってたの。20分ぐらいで出てきて、「ビザ、取れちゃった」って。しかも5年のビザ。日本人と結婚しててもなかなか取れないのに、すごいじゃんって。「持ってるね」って言ったら、「私、神様信じてるんだよね」って。

俺は生まれた環境もあって信仰心があるから、なるほどってなって。メヒコの人はこんなに力強く生きるんだって。彼女のパーソナリティにすごくインスパイアされて、メヒコにも興味を持って調べはじめた。そのときはじめてスペイン語面白いな、メヒコ面白いなって思ったんだよね。

彼女はその後、日本人の旦那を見つけてアメリカに移住して、日本人アドバンテージを使って悠々と暮らし、メヒコの家族たちも移住させて養ってる。ほんとにパワフルだよね。

メヒコに興味をもってしばらくして、日本ですごく嫌なことがあって、「いよいよやばいなこの国」と思うようになった。

「ＩＳと関係がありませんか?」

東日本大震災の1週間後。当時、広告の仕事をやってたんだけど、クライアントが「ナレーション取りどうするんですか?」みたいなことを言ってくるの。震災1週間後だよ? 世界各地に住む仲間は家族に会いに行くとか言ってるのに。そんなことやってられねえよって。それで全部が嫌になって、仕事も全部捨てて新しい生活をはじめたの。

その頃、東銀座に住んでたんだけど、その場所を離れて、冷凍倉庫街の豊海町に住みはじめた。築地市場で働く人が住む場所なんだけど、最低限の暮らしができるような部屋を見つけて、これでいいと思って、いろんなものを全部捨てた。自転車とジレラっていうイタリアのスクーターだけ持って。洗濯機もないから、サラダボールでTシャツ洗うみたいな生活。持ってた服も全部捨てて、魚とパスタしか食わないで、近所の子どもにフットボール教えて、自転車で月島の図書館に行って本を借りて読むっていう暮らしをはじめた。

泥の中からしか蓮の花は咲かない。じゃあ、これからどうやって生きようと思った時に、やっぱりど真ん中、本質に突っ込んでいきたいなと思ったんだよね。俺は泥の中に入っていける人間だからね。俺のやってたことは、音楽にしろ、広告ストラテジーにしろ、他人と違うから面白がられてきたんだけど、それをちょっと洗練させすぎて、小さくまとまった結果がこれかと。仲間を巻き込んで面白いことやっても、結局はクライアントにコケにされるような男なんだと思っちゃったわけ。なんだこれ?と思って、悔しくて、全部ぶち壊したほうがいいと思った。

すべてを捨ててそういう生活をはじめたら、なぜだかわからないけど、バイクに乗っててもすぐに捕まりまくるようになって、なんなんだこれはと思ってた。そうしたら、ある日、警察署から連絡が来て、「落とし物がありますよ。違反切符を落としてます」と。「え? 持ってますよ」、「いや、落としてますから来てください」って。で、行ったらフロントで3時間待たされる。いやいやいや、切符は持ってるし、なんなんだと。イライラしてたら、ようやく警官が現れて「奥へどうぞ」って通されて、「あなたは、どういう方なんですか?」とか執拗に聞いてくる。で、もうひとりの交通課の制服着てる警官が「なんだよその顔」、「てめえふざけんじゃねえ」みたいに煽ってくるわけ。典型的な尋問のスタイルで。そういうのが続いて、なんだこれ?と思ってたら、いきなり「今日はけっこうです」って帰された。

次の日、スーパーで買い物をしてたらまた電話がかかってきた。「公安警察です。自宅の前でお待ちしてます」。なんなんだと思って買い物を終わらせて戻ったら、白いバンが家の前に停まってたの。俺を誘拐しようと待ってるみたいな感じで。

「家の中でお話を」って言われて、部屋にあがりこんできた。で、1発目、俺になんて聞いたと思う?「ISと関係ありませんか?」だよ。

ーSはイスラム国。イスラム過激派組織。俺、その時、ムスリムみたいな髭を生やしてたの。笑っちゃうでしょ？　その頃、イスラム教のことも勉強してたんだ。めちゃくちゃ本読んで、ムスリムのことが面白いなと思った。マレーシアのムスリムの女の子で面白い子がいて仲良くなったりしてね。ムスリムって、結婚に関して、年齢が何歳差で、身長差がこのぐらいだととても相性がいいとか、データを重視していて、そのデータのなかでどのように暮らすかっていうことが整えられてる。マルコムXもそういうデータを元に妻を選んだりしたんだよね。「清潔」っていうことが重要な指標になっているとか、仕組みが面白い。

ムスリムに惹かれて図書館でそういう本を借りたり、あとはマフィアの本を借りたり、そのほかにも、仕事で海外から入金があるだとか、ペイパルで海外の友だちに送金するだとか、普通の日本人がやらないようなことをやっていた。だから、この人は危ない人だ、テロリストかもしれない、と公安にマークされたんだ。ほんとに笑っちゃうよね。「ISと関係ありませんか？」「なんで髭を生やしてるんですか？」って。日本の警察は俺のやっていることをそういう風にしか受け取れないわけ。「東京湾花火大会で、何か事を起こそうとしてませんか？」とか「命を無駄にしないでください」とか。もう完全にテロリスト扱いなんだよ。２０１５年にISが日本人を人質にとって首を切る事件があって警戒心が高まったんだけど、日本の警察ってこの程度なんだよ。俺が危ない人間だって。その程度の想像力なんだよ。

で、俺はこれ、心底幻滅したの。日本という国の想像力のなさ。税金使って、内部調査費っていう外部に公表せずに使っていい金で、俺みたいなやつをウォッチしてたと思ったら、壮大なコメディーだなと思って。友だちに話して爆笑した後に、この国にほんとに幻滅した。もうどっか違う国に行くしかないなと。

「日本人は諦めない」

それで、どこがいいんだろうって探した時に、仲間たちからイギリスに来いとかイタリアに来いとか言われて。ロンドンなら仕事あるよとか、ミラノのファッションブランドがＰＲ探してるよとかね。でも、またイージーに友だちの世界に入っちゃうなら、東京と同じじゃん。

俺、まったくわからないことをゼロからやりたいと思ったわけ。で、さっきのメヒコのインディヘナの女の子を思い出した。ムスリムも面白かったんだけど、もうひとつのインスピレーションが彼女からはじまったからね。

で、ラテンカルチャーのこと調べていったら、日系ペルー人でイケてるモチベーショナル・トーカーみたいなやつがいて、彼が動画で「日本人は諦めない」って言ってたのね。その言葉だけがめちゃくちゃ心に残った。「誰もやらないなら俺がやる」って言って、オーディエンスから大喝采されてる動画が。日系4世で、我々は日本の心を冷凍保存して、このラテンアメリカで立場を築いたんだと。皆さんもそのように諦めない心を持てば、日本のなかで活躍できます、みたいなことを言うやつがいたんだよ。要は詐欺師なんだけど、彼が言ってることは、もうど真ん中だなと。

俺は1856年から続く富士山の浅間（せんげん）神社の葭之池（よしのいけ）温泉の家系で、木花咲耶姫（このはなさくやひめ）［日本神話に登場する女神］のために働いてるんだよね。おじいちゃんから「うちは侍の家だ」という薫陶を受けて育ったわけ。何かあったら前に出る。逃げない。後ろに引いたら狭まる。前に出たら広がるから、絶対逃げちゃダメなの。おじいちゃんは竹刀でビシビシ打ってくるんだけど、ビビると怒るわけ。

で、その日系ペルー人の詐欺師の言葉にバーンってきちゃって、せっかくならゼロからラテンアメリカに打って出ようと。メヒコはあんまり日系社会がないから、俺が作ろうと思って。頭おかしいでしょ？　アルヘンティナとかペルーとかは日系社会がしっかりとある。メヒコのエンセナダ（バハ・カリフォルニア州）とかにちょっとはいるんだけど、でも大きな日系社会はない。だから俺が日系社会をメヒコに作ろうと。

俺はおじいちゃんの薫陶も受けてるし、第二次世界大戦でアメリカに敗戦した後の日本の教育を全部拒否して育っている。若い頃からイギリスに行ってブリティッシュ・イングリッシュを喋るし、アメリカ人が大っ嫌いだし、ラテンアメリカいいじゃん、メヒコいいじゃん、と思って。俺はアメリカのほうを向いてない。戦後80年、俺自身は戦後を終わらせてると思ってる。ほとんどの日本人みたいにペコペコやってないから。みんな終わってないじゃん、戦後が。アメリカに屈服して、アメリカが

かっこいいと思って、アメリカ英語喋ってるやつがイケてると勘違いしてる。経済至上主義が民主主義だって信じさせられて。で、日本で流れてくるニュースだけを編集して見せられて。アメリカのインディペンデント・メディアがちゃんとしたことも言ってるのに、ＣＮＮとかを信じちゃって。スティル・オキュパイド・ジャパン。東京上空は横田基地の許可取らないと飛べないんだぜ。政府の中にもアメリカから派遣された人間がいて、彼らが政策を決定してることも日本人は知らなくて、自分は自由であるみたいに思わされて。そういうことが俺はたまんねえなと思って。全部ぶっ壊してやろうと思ったの。

アメリカの嘘

そう思うようになったきっかけは9・11だね。2001年。9・11は俺の誕生日。俺はずっと音楽をやってたんだけど、その頃に「東京新気楼」っていう曲ができた。〈見えるものがすべて　見えないものばかりで　見てるものは東京新気楼〉っていうフックができた瞬間に音楽やめようと思って。俺は74年生まれで、当時27歳。東京は新気楼だと気づいちゃったんだよね。誰がなんと言おうと俺がそう思ったんだ。そう気づいてるのに、東京で音楽やり続けるってめちゃくちゃダサいじゃん。

9・11が起きた日は、山梨の実家にいたの。うちのママが「すごいよ。すごいよ」って。テレビつけたら、え、何これ、なんか映画はじまった？みたいな。「ママこの映画好きなの？」って言ったら、「違うよ、これ現実だよ」って。それで全部が崩れた。俺、そのビルが崩れていく映像を観た瞬間に「これ全部、自分たちでやってるじゃん」って思ったの。これ速度的に自由落下してるじゃん、って。テロリストの仕業じゃないし、アルカイダも関係ない。アメリカはあれを口実に戦争をしたかっただけで、ブッシュ大統領は知ってたわけでしょ。で、アメリカの嘘が全部わかった。俺はそういう価値観。そこから変わった。

村上龍の『限りなく透明に近いブルー』からはじまって『五分後の世界』とか『愛と幻想のファシズム』とか『半島を出よ』とかさ。革命家的なリーダーが現れて、「日本をぶっ壊して再構築しなきゃいけない」みたいな。『五分後の世界』は、日本軍がまだ地下にいてアメリカと戦争を続けている、っていう世界観なんだけど、それを俺は結構本気でとらえたんだよ。戦争シミュレーションって世界でよくあるジャンルじゃん。村上龍はほんとにスマートドラッグな人。ちゃんとドラッグをキメて、自分の想像力を働かせて、たくさん仕事をして世の中に影響を与えるってことをやってる。横田や福生周辺のヒッピーカルチャーから、大人になった今でもやってるんだと思った。自分の人生をかけて日本をなんとかしようとする取り組みとしては彼は芸術家だなと思ってる。一方で村上春樹が何やってるかは見ようとも思わないけど、自分はふわっとかっこいいみたいな超甘えた根性。俺はそういうのは嫌い。

村上龍が言ってたそういうことを思い出しちゃったわけ。9・11で一気にめくれちゃった。よし、俺は日本人としてアメリカとの関係をちゃんと終わらせるぞって。元々、自分は不良でどうしようもなくて、スケボーしかしないし、おじさんがロスにいたのもあって、「ヤマトはもう手に負えないから中学を出たらアメリカ行かせよう」とか、何かとアメリカと近づけさせられていた気がする。だけど、俺としては9・11で「このアメリカの洗脳はなんだ？」と思ったわけ。全部嘘じゃねえかこいつらって。

カルチャー的には90年代はもっとUKのものもあって、俺の好きなレゲエも直球じゃなくてUKから入ってくる感じだった。そういうUK的なシニカルな感じも好きだったんだけど、ヒップホップとかレゲエに関わっていくと、ジャマイカだったりとか、ニューヨーク・ブルックリンだったりとか、そういうことも関わっていくわけじゃん。ロサンゼルスの不良と仕事してたしさ。だから、アメリカっぽくてもいいかとか、なんとなくこなせばいいかとか思ってたんだけど。いや、まて、と。それが9・11でひっくり返った。

ゲレロのラブホテル

で、なんのアテもなくメヒコに飛び立ったの。2015年の冬。荷物をふたつだけもってシウダド・デ・メヒコのゲレロって街に着いた。ゲレロはテピト［市場が有名。コピー品や盗品、薬物なども売られている］のとなりの危ない街。信号待ちしてるやつがトンチョ（ボンド）もって嗅いでいる、そういう質の悪いやつが多い街で、誰もそんなところには最初から行かない。

そこで最安ホテルを見つけた。グアダルーペの寺院に向かうでっかい通り沿いに建ってたホテル・ウニベルサルっていう黄色い壁のホテル。売女のお姉さんたちが男を連れて入ったりとか、ラブホテルとして利用するところで、観光客が泊まるような場所じゃない。「ピンチェ・チーノ（クソ中国人）」とか言われたけど、その時はまだスペイン語が全然理解できない。そのラブホテルからメヒコの生活がはじまったの。

ちょうどその日が、メヒコ全土からグアダルーペ寺院のあるバシリカ広場にカトリコ［カトリック］が集まってお参りする、大きなお祭りの日だったわけ。12月12日の聖母グアダルーペの日。バンバン花火が上がって、マーチングバンドみたいなのと一緒に歩きながらお参りしていくわけ。やべえ、なんだこの狂った街はって。それがはじまり。

YO AQUI!
QUE SOY
TU MADRE...?

02

メヒコの狂気

LOCURA MEXICANA

メヒコの洗礼

シウダド・デ・メヒコのベニト・フアレス空港に到着して、いちばん安いホテルを探してたどり着いたのがゲレロという街だった。ゲレロ州ではなくシウダド・デ・メヒコのゲレロ。1泊1600円くらいだったかな。場所もよくわからないけど、とにかくそこに2週間宿をとった。

それが12月12日、聖母グアダルーペの日の当日だった。すごい人だかりで、花火がバンバン上がって、それに混ざって、裏の通りでは銃声とかもパンパンパンパンパン鳴ってる。空に向かって撃ってんだなと。俺はなんにも知らないから、この人たちなんなの？　なんでそんな騒いでんの？って思ったら、メヒカノスにとって大事な日で、信仰心の厚いカトリコたちがメヒコ全土から集まってきていた。民族衣装のインディヘナもたくさんいて、太鼓を鳴らしながら、村から全員で大移動して来ましたみたいな。パッと見、貧乏そうで、自分のイメージするメヒカノスとは全然違う。グアテマラ人かな?と思うような。あとから知り合うメヒカノスとも全然違うんだけど。帰りの旅費ももたずにチアパスとかオアハカからたどり着いたみたいな感じで、大挙してグアダルーペに押し寄せていたの。うわ、すげえなってびっくりして、これがメヒコなんだって思っちゃった。

メシのことも書いておこう。ご飯を食べたいけど、タコス食いたいとか、そういうのがない。で、コンビニ行ってカップラーメンでいいかなと思ったら、お湯がないの。部屋に戻ってもお湯がない。そこからして日本と違うんだなと思って。お湯がないからそのままバリバリ食ったりして。日本のカップラーメンもあって、マルチャンよりマキシ・ニッシンのが俺は好きだったね。

「カカウアテ・ハポネス」っていうナッツ知ってる？　ニシカワってメーカーの豆のスナックなんだけど、メヒコですごい食べられている。でも日本にはないんだよね。「カカウアテ・ハポネス・ノー・アイ・エン・ハポン（カカウアテ・ハポネスは日本にはない）」ってジョークがあるくらい。めちゃくちゃうまくて、長い筒状の袋に入ってるやつをしょっちゅう食ってた。

ホテルの外からいい匂いするから行ってみたら、ハンバーガー屋があったの。アンブルゲサ・アル・カルボン。でも最初は一言も喋れないから注文もできない。「ペルドン（エクスキューズ・ミー）」もスペイン語で言えなかったからね。で、見よう見まねで買うんだけど、やたらでかい。高く売りつけられるし。喋れないってのは、そういうことかって。完全に自分はアウェイ。全然英語を喋ってくれないし、俺をケアしようなんて誰も1ミリも思ってない。そういう洗礼を受けた。ショックっていうか、そりゃそうだよね。

エカテペクの日々

メヒコに来たはいいけど特にやることがない。ハロートークでメヒコの人とも繋がってたから、ランダムに連絡を取ってみたら、ひとりの女の子とメシでも食おうってことで会うことになった。「メヒコにようこそ」って、すごくよくしてくれて。その後、その子が彼女になるんだけど。メヒコに来てすぐの話。

彼女はエカテペクの子で、外国人にはじめて会いましたみたいな感じで、俺に興味を持ってくれた。ちょっとオタクっぽい感じなんだけど、ファナティックに俺のことを好きになってくれて。何日か経って、このあたりはやばい場所だから、エカテペクのうちに住みなよって言ってくれた。お母さんはいなくて、お兄ちゃんは結婚してパチューカって街に住んでたから、お父さんとふたり暮らし。

お父さんに挨拶に行って、住ませてもらうなら、日本食を食べてもらおうかなと思って、ミカサっていう日本食材スーパーで買い出しして、おにぎりとか焼きそばとかを作って出した。キャベツをたくさん使った野菜炒めも出したんだけど、メヒカノはキャベツを食べないから、大不評だった。「トルティージャにのっけて食べたい」とか言われて。彼女は日本に興味があるから美味しく食べてくれたけど、お父さんはお腹もくだしたみたいで、ずっと根にもたれて、いじめられたね。

エカテペクは、シウダド・デ・メヒコのすこし北のメヒコ州にある街。メトロのリネアBで、ブエナビスタからシウダド・アステカにつながる1本のライン。ゲレロとかテピト、ネサウアルコヨトゥルもこのライン

上にあって、柄が悪い地域なんだよね。

彼女はすごく気をつけて慎重に生きてる人で、極力外を出歩かない。人とできるだけ関わらないようにして命をキープしてきた。夜に外出しないだけじゃなくて、昼間もなの。近所の友だちと遊んででも、もう6時だから帰ろうって絶対に帰るの。門限6時の小学生みたいな。最初はまったく理解できなかったんだけど。夕方から夜ぐらいになると、家の前でパフパフって笛が鳴るの。パン屋さんが自転車で来て、そのおっちゃんだけが外にいる。そのおっちゃんはみんなのパンをフィードしてるから襲われない。まあマフィアがやってるのかもしれないけど。

エカテペクはマッチョな街で、女性がさらわれたり殺されたりする事件もちょくちょくあった。警察も捜査しないし、殺され放題。メヒコで有名なフェミサイド［女性または少女を標的とした殺人］のドキュメンタリーがエカテペクを舞台に作られたりするくらい。

そういうこともあって、彼女は本当に慎重に生きてるんだけど、それとは別に一般常識がない部分もあった。外国人と接する機会がなかったからか、外国人が何を知らないかがわからない。俺と一緒にバスに乗るときも、自分だけ先にどんどん行っちゃう。6ペソ払って、自分だけ中に入っちゃう。いや、俺、バスの乗り方わからないし、札しか持ってない。そういうことがよくあったね。

お父さんの教え

最初の1年ぐらいは彼女とお父さんとの生活がすべて。「ここに住むなら俺のことを手伝え」って言われて、そこでいろいろとレクチャーを受けることになる。まず「サングラスつけろ」、「相手に喋れないと思われるな」って。言葉がわからなくても「シー、シー（はい）」とか「オラ、コモ・エスタス？（こんにちは、元気ですか？）」とか「グラシアス（ありがとう）」とかとにかく言えって。で、俺のいとこだって紹介するから、あんま近づいてくるなって。

これもメヒコの洗礼というか、彼女の家は水が出ないから、バケツに溜まった水を少しずつ使って、ちょぼちょぼ濡らす程度。で、金物屋に行くから来いと。家のメンテナンスに必要な金を全部俺に払わせようとするんだ。金物にネジ、ホースもタンクも必要だ。で、蛇口もないから、もうひとつの金物屋に行くぞとか。1時間以上歩き回って、お父さんは1回も払おうとしないからね。散々工具とかを買わされて、家に戻って、タンクにつなぐパイプは隣の家から盗むぞって。ええ盗むの？　隣の家のパイプを自分の家のほうに引っ張って、水を通して。なんなんだこれはって。でも、お父さんとしては、お前のためにメンテナンスしてるんだ、お前が快適に住めるようにやってるんだって感じ。だから、お前が金を出すのは当然みたいな。俺はよくわかんないまま、そういうことに付き合っていた。

エカテペクの家はめちゃくちゃ凶暴な犬を飼うのがスタンダードで、全部の家がそうだった。家と門の間に車を停めるスペースがあって、そこで犬を放し飼いしてるんだけど、そこでお父さんとタバコ吸ったりして、ちょっとずつ打ち解けていった。

近所も物騒で、2軒隣の家のやつと警察が撃ち合いになって、隣のやつがひとり撃たれて死んで、警察もふたり死んだ、なんてこともあった。隣のやつが言うには「2対1で俺たちの勝ちだ」みたいな。それはほんとにひどいことなんだけど、よくあることでもある、という感覚。

そんな生活のなかで、自分の収入を得なきゃいけないんで、日本の旅のウェブマガジンの募集を見つけて、メヒコの暮らしを原稿にして稼いでいた。ライターみたいな仕事。「メヒコのドアは気をつけろ、鍵をしなくてもロックがかかって2度と家に入れないぞ」とか「なんと水は沸騰しない」とかね。今でも読めるんじゃないかな。1本1500円で20本書いたら3万円、40本書いたら6万円とか。それにちょっとした動画を混ぜた投稿すると1000円プラスしてくれるみたいな。かなりの金額になるじゃん。10万円ぐらい稼げる。最初は生活費の半分くらいそれで稼げてた感じかな。

道端の気遣い

そのあと俺はシウダド・デ・メヒコにも仕事に行くようになって、毎日夜の11時過ぎとかに帰ってくるようになったの。ムスキスって駅からカジェ・ウスマシンタまで歩く。俺バカだから、マックブックしょって、駅前でタバコとジュースを買って帰ってたわけ。それを何回かやってるうちに、誰かに後をつけられはじめた。明らかに目つきが違うから、すぐわかる。そのまま行ったらやられるから、止まって、タバコに火つけて、「お前タバコ吸う？　どこ住んでんの？」ってこちらから先に話しかけるようにした。こういうときは絶対に自分からいったほうがいい。「このタバコ吸ったことある？」って。その場の判断で、そういうのを身につけていった。スペイン語も身につけないと、死ぬからね。「金出せ」とか脅すより、刺して奪ったほうが早いからさ。足とか切られちゃうから。

ほかにも、彼女と俺が歩いてたりすると、過去に俺を脅してきた悪そうなやつらが「チノ、チノ」って呼んでくるわけ。ギャングの下っ端のやつとか。でも彼女にしてみたら、「あの人たちと知り合いなの？」ってなるじゃん。「チノだってからかってるだけじゃない？」ってごまかしてたんだけどさ。知り合いだって伝えちゃったら、彼女は怖がっちゃう。彼女を絶対に巻き込んじゃいけないし、隣にいるのが彼女だっていうのも隠さなきゃいけない。「友だちのエスポサ（妻）なんだ」とか言ってごまかして、ストリートでは特に気を遣ってた。

ただいつも、追い込まれたりしても1歩前に出るんだよ。出すぎたら撃てないから、殺せない。殺すと目立つから。だからやるなら思いっきり行くんだと思って今もやってる。いつも一緒だよ。屈服するな、前に出ろってのが俺のやり方。おじいちゃんの教え。ただ、相手がただの素人なのか、相手にしたらヤバいやつらなのかってのは、めちゃくちゃ考えて接してた。

俺がいたころはペニャ・ニエトが大統領［2012〜2018年］の頃で、シウダド・デ・メヒコ内では犯罪組織がドンパチしないような協定が結

ばれてたんだよね。だから、個人的な揉め事にヤバいのが介入してくることはない。でも、ストリートのギャングみたいなのは、どこにでもいる。友だちの店で働いてたときも、いきなり店に電話がかかってきて「今から行くから金用意しとけ」とかね。いるんだけど、そんなやつらとは関わりたくもないし、組織の名前も知りたくない。そういう話はメヒコでは絶対しないほうがいい。話そうとしても、みんな黙るんだよ。関わりたくないからね。けっこう組織化されてて、道端で「20ペソくれ」みたいなホームレスみたいなガキも、なんかしらギャングに所属してたりするから。メヒコは20リットルとか大きなサイズの水が売ってて、その重い水をもってアパートメントの階段をあがって部屋までもっていくんだけど、そのガキのギャングとかは、「お前んち4階だろ？ 上まで運んでやるから10ペソちょうだい」みたいなね。そういうのは払ってたね。

日本語レッスンでメイクマネー

エカテペクの生活は1年ぐらいで、そのあとは友だちの日本人の店を手伝ったりしてたね。音楽とか広告の仕事をしてたから、バンド呼んで人を集めたり、写真とか映像使って店を流行らせたり、そんなことをしてた。

あとは、日本語を勉強したいメヒカノスを集めて、教えるクラスをやったりしてね。ソナ・ロサって街の近くに部屋を借りてたから。けっこう人気だったんだよ。日本語には書き言葉と喋り言葉があるんだけど、学校で勉強してるやつらは書き言葉で喋っていることが多いってことに気づいた。で、それを面白く喋り言葉に直してあげる。まずは英語でもスペイン語でもいいから日記を書かせるの。その日記に出てくるワードを日本語の喋り言葉に変えてあげる。日記を書くと、その人の行動とか話したいことの傾向が見えてくるんだよね。で、その傾向に沿った、よく使う言葉を徹底的に教える。人に話せる言葉で教えるのがポイント。みんな時間がないし、使わない言葉覚えてもしょうがないから。そういうファンクショナルなことだけを教えるクラスをやったら大ヒットしたんだよ。10回のコースで1回500ペソ。けっこういい稼ぎになるでしょ。それが流行ったら、メヒコでの暮らしには困らなくなった。デパートメントも借りてね。「あいつ、うまいことやってるな」って疎ましく思ってる日本人はいたかもしれないね。

03

メヒコの道端

CARRETERA MEXICANA

自分でなんとかする

メヒカノの魅力って、彼らはなんでも自分でやるんだよね。何もないから、どうにかしなきゃいけない。俺もそういうタイプだけど、メヒコに行って、最後の踏ん張りがまだ足りないなと感じたね。

たとえば、エカテペクの家でトイレが詰まって流せない、どうしようってなった。じゃあどうすると思う？　お父さんとホースを買いに行って、隣の家の水を引っ張って勝手にもらっちゃうんだよね。逆に俺の家のガスを勝手に盗んで使ってるやつがいた。おいおいふざけんなって思って、俺のガスに俺の名前をはっつけて「Ya mato（ジャ・マト＝お前はもう殺された、というダブルミーニング）」みたいにしてやり返したなんてこともあった。次やったらわかってるな、みたいに牽制して。そうやって工夫しなければやられっぱなしだから。いざって時に動ける。そういうことができる人が多いよね。車のタイヤがパンクしたり盗まれたりしても10分で交換しちゃったりさ。日本人だと、わざわざそんなことやらない。泣き寝入りというか、業者に頼んで終わりみたいなところあるじゃん。

メヒカノのもうひとつの特徴としては、誰でも受け入れる。「いいじゃん、いいじゃん」って。すごいウェルカム。他人なんてどうでもいいと思ってるところもあるけど、いちいち細かいことに干渉なんてしない。他人の目を気にしないってのもあるね。

でも、ビクビクしてると絶対に拾ってもらえない。一歩前に出てちゃんと向き合うとすごい喜ぶ。そういうところがあるよ。だから俺はすごいやりやすかった。シウダド・デ・メヒコみたいな大都市は特にね。

でも、エカテペクではめちゃくちゃアウェイだったな。「日本から来たんだ」って言っても誰も何の興味も示さない。エカテペクはもうちょっと日本の田舎と似てるかな。全員知り合いだけの小さなコミュニティ。地方の消防団の集まりとかだと「東京から来たんですよ」とか言っても、「だから?」、「拾わねえぞ」みたいな感じでしょ。エカテペクでは、自分をアピールしようにも何も通じなかったね。逆にアピールしない、自分の情報は何も出さなかった。危ないから出さない。お父さんの家に住んでる時も、最後は飼っていた犬が殺されて、窓が割られて、お父さんが「もう勘弁してくれ。お前をここにいさせると強盗に入られる」って。明らかにサインだよね。「もうすぐ強盗に入るからね」って。「抵抗すんなよ、日本人いるんだろ、金持ってんの知ってるぞ」って。あの街に日本人は俺だけだったし、エカテペクの街に受け入れられたなんて感覚は全然なかったな。最後までアウェイ。

バモス・ア・プロベチャル

エカテペクではみんな本当に外を出歩かない。出歩くにしても、サンダルはもちろん、スニーカーも履かない。お父さんに「ブーツ買いに行くからついてこい」って言われて、タクティカルブーツみたいな絶対に脱げない靴を買った。スニーカーみたいな靴で、全速力で逃げようと思って靴脱げたらどうすんの？　足痛くて遅れた瞬間に捕まるよって。毎朝起きたらすぐ、ベッドで靴紐をきつく結び直すところから1日がはじまったね。なんかあった時いつでも逃げられるように。

また物騒な話になっちゃったけど、そういうことを通じて、だからこそ「ちゃんと生きる」とはどういうことかを学んだ。「Si o No?（シ・オ・ノ？）」ってお父さんがよく言ってた。メヒカノスはよく「Si o No?」を使うよね。「イエス・オア・ノー？」って意味だけど、「はっきりしろ」、「早く決めろ」みたいな。一言喋ると語尾に「Si o No?」。「グズグズすんな」。決まり文句みたいな感じで。誰にでも、お客さん相手でも変わらない。「自分が主導権を握る」という感じ。自分のペースでやろうみたいな。女の子にはすごく丁寧に接するけどね。でもちょっと調子乗ってるとバチってやられる。そういうことを学んだね。

俺はそういうところがすごい魅力的だなと感じた。全部ぶっちゃけてる。「わかるだろ、世界中のストリートがそうだよ」って。「これが事実じゃないの？」みたいな。主導権を握って仲間に引きずり込むっていうか。日本人でもそういう感覚がわかる人もいると思うけど。俺のそういう部分を気持ちいいと思ってる人も多いと思うし。そういう感じで接してこられると、こっちも「俺はわかってるぜ」みたいな。背伸びして突っ張っていくっていうかさ。そうやって男になっていくっていうか、かっこよくなっていくっていうか。でも、知ったかぶって調子こいてるとちゃんと言われる。そのあんばいがすごく絶妙。だけど、みんな仲間となればあったかいよね。「お前もそうだよな」ってちゃんと拾ってくれる。

道端ってのもキーワードだよね。ストリート。スペースがあればそこでなんとか金を稼ごうとする。スペースがあったら取る。そういう自覚がすごいあるって感じ。バモス・ア・プロベチャル。「アドバンテージを取れ」って感覚。

例えば、道で車が一台停められるくらいのスペースがあったら、不良の子が駐車スペースの誘導係になって「ここ停められるよ」ってドライバーからチップもらうとか。おばちゃんがトイレの前にペーパー持って立ってて、「はい5ペソ」みたいな。あれ、みんな勝手にやってるよね。すきがあれば金を稼ぐ。たくましいよね。

道端タコスの流儀

俺がインスピレーションをもらったカルニタスとスアデロの屋台にも、そういうメヒコぽさが転がってた。

カルニタスの屋台は「エル・カポテ・アスル」って店。シウダド・デ・メヒコのソナ・ロサの近く、インスルヘンテス駅の裏道にある。そこはおっちゃんがいつもお釣りを間違うんだよ。なぜか多く渡してくる。で、俺が「7ペソでいいんだよね。今13ペソ渡したでしょ」とかって言うと、「おまえ、すごいな」とか「こいつ、頭いいんだよ」とか全員に言って回るの。メヒコの人は計算が苦手で、足し算でお釣りを渡してくる。で、よく間違えるんだけど。とにかく、すごいあったかいんだよね。次きたら「お、おまえか。サングリアやるよ」とかさ。

もうひとつ影響を受けた屋台が、コロニア・ファレス、アンブルゴのバス停の目の前にエクストラっていうメヒコでいちばん人気のないコンビニがあって、その前におっちゃんがスアデロの屋台を夕方からドンと出すの。俺が仕事とかでちょっと夜遅くなるともうはじまってて、いつもだいたい混んでる。夜中の11時半ぐらいに行くと、生肉の塊を鍋にぶち込んで仕込んでる。いつ寝てるの、何時までいるんだこの人みたいな感じ。よく働くし、あったかい。スアデロとかトリパをよく食ったね。知ったかぶってさ。日本でカウンターの寿司に行って、知ったかぶって「すいません、アナゴで」、「すいません、次ホタテください」みたいな感じで。

で、スアデロ屋台に酔っぱらったガキが来て、2種類のサルサが置いてあって「これ、どっちが辛いの？」みたいな感じでカジュアルに聞くとするじゃん。でも、おっちゃんは「食ったら分かんだろ」で終わり。

いつも肉をひっくり返す千枚通しを持ってるんだけど、それをそいつに向けて。その感じがかっこいいんだよね。粋。「セボジャ（玉ねぎ）もらえるんですか？」とか聞くと、「今やってんだろ。急かすんじゃねえ」みたいな顔するんだよね。全部おっちゃんのタイミングでやるんだ。誰にも指図されない。主導権を握らせない。だから急かしたり余計なことを言ったらダメなの。そもそもセボジャはタダなんだから。それをわざわざ聞くな、タダのものをせがむんじゃねえと。おっちゃんのタイミングでくれるんだから待っとけって。やなこと言ったら、すぐバチってやられる。そういうところで、道端の流儀を知ったね。

あの味とスタイルを再現する

俺のタケリア（タコス屋）でも、俺がやってることをわかってくれる人には、「これも食べる？」とかって言うんだけど、調子こいて「シン・セボジャ（玉ねぎナシ）でって言ったのに」みたいなこと言うやつには、なんだてめえと思って、わざとセボジャ大盛りにして出したりしてね。それはなんでかって言うと、タケロ（タコス職人）のコントロールでお前はこれが食えてるんだからな、ってことをちゃんと伝えないといけない。特に日本だと、タコスとはどういうものなのか、タケロとしての誇りってどんな感じなのかっていうのを、ちゃんと伝えたいなと。俺は道端のおっちゃんたちにバチってぶつけられてるからさ。そこはもうめちゃくちゃ影響を受けてる。味もだけど、スタイル込みでね。ペコペコしちゃダメなんだよ。おっちゃんのタコスはめちゃくちゃしょっぱいんだけど、あの味を思い出して、あれを日本で再現したいなと思って作ってる。

皿にもちょっとしたこだわりがある。メヒコの屋台では赤とか緑とか軽薄な色のプラスチック皿の上にビニールを敷いてタコスを載せる。あれは道端だと水がほとんど使えなくて、皿を洗えないからだね。飲食店でも家庭でもそうだけど、日本みたいに水流しっぱなしで洗えるなんて環境じゃないからね。ビニールに載せて、食べたらそのビニールをぱって外せば洗わずに済む。でも、それを日本で真似してるようなタコス屋は頭おかしいのかなって思う。じゃあ、日本でやるならどうするか。そういうういろいろを考えると、俺たちは紙皿だよねって。皿を洗う人間がいないんだから。あと、皿に載っけてタコスを出すのはなんか冷たくない？　熱さが伝わらないじゃん、紙皿にドンのほうが伝わるよなと思って。で、俺たちがこだわって使ってるのは、厚さのしっかりした紙皿。

他のはふにゃふにゃで使えない。かっこつけたエコっぽい茶色い紙皿を使ってる店も多いけど、ふにゃふにゃでダメだよね。俺たちのタコスは1皿に5つ載せてるし、皿を手に持って食べてもらいたいからね。タコスは立ち食い、テーブルなし、皿を手に持って食べるが基本。

で、メヒコの屋台には再生紙みたいなペーパーが置いてあって、あれがいい匂いなんだよね。紙のいい匂い、わかる? たい焼きとかも昔、紙にくるんで出してくれたじゃん。コロッケとかハムカツとか、昔の助六寿司とか、ペラペラの紙に包まれてて、いい匂いしたじゃん。そういうことに繋がるんだよね。

盛り付けも自分でバランスを考えて開発した。5つのタコスがバチっとバランスよく美しく並ぶように。肉もいっぺんに掴んで載せて。ある程度1人の客単価を考えた時に、1個2個とかじゃやれないよ。それはこだわりだよ。メヒコじゃあ1個、2個で頼めるよ。それはいい。だけど日本だぜ。1人のお客さんに250円でやるの。やるわけないじゃん。そんなに簡単に食わせたくない。ある程度の金払って食うもんだと思われたいわけ。「メキシコだったらこんなに安いのに」とか言うやつはただのバカ。メヒコのスタイルをちゃんとわかって、「じゃあ日本でやるならどうするか」を考え抜いたのがトレス・エルマノス。「メヒコの値段じゃないじゃん」とか言われても、何言ってるの、そりゃそうだよね、ここ日本だからねって。そんなもん知ってるよって。知ってるからこそ、この設定で頼むわって感じで。別にメヒカノスにブーブー言われてないしね。

「え、1種類で5個なの？　何種類か混ぜられないんですか？」って言われたこともあるんだけど。2人で来たなら、2種類頼んで分けりゃいいじゃんって。「愛は分け合うもんでしょ。タコスは愛なんだからさ」って言って。そういうのもストリート・ナレッジだよね。言いなりになってたまるかと思うし。ウチは外国人のお客さんがほとんどなんだけど、そのこだわりがちゃんと伝わってるのか「メヒコで食べたタコスと同じ味だ」って言ってくれる人も多いよ。

「頼んでねえよ」

メヒコにいる人たちは、俺も含めてだけど、自分たちですべてやってるわけじゃん。やらされてるわけじゃなくて。自分たちが決めて自分たちでやってるわけじゃん。

俺がメヒコに来て、いろんなトラブルがあって嫌だなって思った時期があったの。まじ全部うまくいかない。うまくいっても、足引っ張ってくる人が出てくる。語学を教えてうまくいってた時も、ちょっと稼ぎはじめたら、生徒が何十人もいたんだけど、変なジェラスから、あそこには行くなとか、いくら持ってこいとかさ。家に強盗が入ってきて拳銃つきつけられたりして。で、生徒がみんな離れていったりして。参っちゃうじゃん。

で、むこうで仲良くなったメヒコの友人がいるんだ。なぜか武田信玄が好きで、武田の家紋のタトゥー入れてたりとか。え、俺、山梨出身なんだけどみたいな。飼ってた犬の名前がヤマトだったり。やたら繋がりを感じるやつがいたの。メヒコでいろいろトラブルが続いてる時に、そいつに、ふとタバコ吸いながら弱音を吐いたんだよね。「いや、うまくいかなくて、もうやになっちゃうよね」って。そしたら彼が俺になんて言ったと思う？「別に頼んでねえよ」って言ったんだよ。勝手にメヒコに来といて、お前になんか頼んでないよって。しかも、「俺の国の悪口かよ」って。その言葉がすごいでかくてさ。その日の夜、タコス食いながらちょっと泣いちゃったよね。タコスが涙で塩味になってね。タコス食べるたびに、その言葉をけっこう思い出すんだよね。そんな弱音吐いてる場合じゃない。そういう切なさとか、人間交差点みたいな。そういう雰囲気のことがめちゃくちゃあるね。たしかに頼まれてやってるわけじゃない。けっこうな転機となった言葉だね。そいつは、日本に来て一緒に仕事したり、今でも仲良くしてるよ。

死ぬのは怖くない

エカテペクでは友だちはできなかった。ストリートの顔見知りみたいなのはいっぱいいても、そこでオラとか挨拶するようになったやつもすぐ死んじゃうし。メヒコは死が近いんだよね。お父さんがよく「俺たちは死ぬのは怖くないから」って言ってたな。「メヒカノは何も恐れないんだよ」って。ディア・デ・ムエルトス（死者の日）もあるし。日本にもお盆があるけど、そういう感覚。

俺の場合は、4人兄弟で1番上の兄貴が生まれてすぐ死んでるんだよ。で、親が、その死んだ兄貴の名前を次男にそのままつけたの。次男は「俺は兄貴の名前を授けられたんだ」みたいにずっと苦しんでた。俺のアイデンティティはどこにあるんだ。俺は俺で、中学くらいから悪いことしたり喧嘩したり、スケートボードで足を折ったり手を折ったり、しょっちゅう死にそうになってた。そういうことすると、ママがお墓に連れてって「お兄ちゃんが俺を忘れないでって言ってるんじゃない？」とか言うんだよね。たぶん俺の両親はその第1子を亡くしたトラウマの中に生きていた。それもあって俺に対しては「生きてるだけで十分」みたいになかなりな放任主義だったね。

メヒコだと「生きてるだけで十分」は共通でみんな持ってる感覚かもしれない。ライフ・イズ・ショートがかっこいい言葉じゃなくてマジで。瞬間瞬間を生きてる。で、そのことをみんなで確認しあうことが多い。ちょっと外に出かけるって時でも、お父さんと向かい合ってお祈りして、「絶対帰って来いよ」って言われる。大袈裟じゃなくてね。ほんとにやられるから。「お前は全然安全なとこにいないぞ」って。すごい朴訥なお父さんだったんだけど、そこはマジだったね。

隣の家とかは金曜の夕方からパーティーがはじまったら、月曜の昼2時ぐらいまで終わんない。確実にコカインキメてる。日本でもヤンキーの家は外でバーベキューするみたいな感じあるでしょ。その隣の家にバンバン銃が撃ち込まれたりしてね。そういうことも身近にあって、お父さんはひっそり暮らしてるっていうか、プロテクションをがっちりして、目立たないように、何も揉め事を起こさないように生きていた。

で、俺は後から知るんだけど、エカテペクのその家はお母さんがいないことで、悲しみの中にいたんだろうね。お母さんがどうやって死んだのかも聞いてないし、聞ける雰囲気でもなかったけど、そこで時が止まってるの。お母さんが暮らしていたリビングの家具にカバーがかかってて、そのまま使ってない。リビングがそんな感じだから、人も呼ばないし、フィエスタ（パーティー）なんてもちろんしない。それもあってか彼女もちょっと鬱っぽい子だった。ファナティックに日本が好きで、アニメが好きとか猫が好きとか。すごい美人なんだけど、メヒコだといじめられるタイプなのかもしれない。家族で食事しててもパッと食べてすぐに部屋に入っちゃうみたいな。お互いに距離を取っているような。なんかすごく悲しい感じ。外でオープンに遊ぶとか、人と交流するとか、普通の人が享受できるものを享受できてない感じはしたね。「死」が身近だって話がしたかったんだけど。

シウダド・デ・メヒコに住みはじめたら、まったく別世界で、夜に外を歩けるし、ラーメン食べたいなって思ったら店があるし、なんでも買えるし。エカテペクからそんなに遠くないんだけど、まったくの別世界だったね。でも、いちばん最初にエカテペクに住むことができて、メヒコの重要なことを知れたのは、いいところに住めたなっていう気持ちはある。誰もこんな経験できないからね。

音楽が溢れている

メヒコは道端でもメルカド［市場］でも、だいたいクンビアが流れてる。あとはルンバとかサンバ、サルサとかね。家でも、もちろん各家庭によるけど、音楽が溢れている。俺がお父さんと仲良くなれたのは、音楽が大きい。モン・ラフェルテってアーティストの「Tu Falta De Querer」って曲があって。この人はチレのエイミー・ワインハウス。歌謡曲でもあり、かつクラシックな感じ。それを俺が聴いてたら、お父さんが「おまえ、こういうの好きなの?」、「それだったら、これも知ってるか?」みたいに盛り上がって。お父さんは音楽に特に詳しいわけではなくて、その世代のポップス、ヒットチューン、ソウルクラシックだから知ってるだけなんだけど、俺は懐古趣味っていうか、そういうのを掘って聴いてたから、そこでたまたま話が合った。「エリック・クラプトンのアイ・ショット・ザ・シェリフが好きなら、これはどう?」みたいにボブ・マーリーのバージョンを聴かせたりね。お父さんから何かいい曲を教えてもらったことはほとんどなくて、だいたい俺のほうが詳しかったけど。

シウダド・デ・メヒコで俺がランゲージ・エクスチェンジに行くよう

になって、仕事とは関係ない友だちができはじめた。毎週金曜日、パルケ・メヒコのタコス屋に集合して、クラブとかにも行くようになった。パスポートがIDになって、タダでクラブに入れる。チャージはなくて、中で酒を頼んだらいくらみたいな感じで、一晩に何軒もハシゴしたりしていた。でも、音楽はクソくだらないのばっかりだったな。みんなで合唱して騒ぐようなメヒコのポップミュージックとか。あとはメヒコってハードロックが流行ってたりするじゃない？　革ジャン着てさ。俺は興味ないけど、友だちと一緒にそういうのに行ってたね。パタ・ネグラってハコがあったんだけど、殺害事件が起こって行きづらくなったりした。俺はソナ・ロサの近くに部屋を借りてたから、クラブ行って、腹減ったねってタコス食べて、夜中2時くらいに歩いて帰ったりしていた。

メモ・ミクス・テピト

そんな街に音楽が溢れるなかで、いちばんガツンときたのがラテンのサウンド。メモ・ミクス・テピト（MEMO MIX TEPITO）っていうサウンドシステム、ＤＪクルーがいるんだけど、ソニデロ［メヒコの下町のサウンドシステムやそのカルチャー］がクンビアとかルンバとかサルサをかけるのをクラブで観て、すげえいいなと思った。１９４０年代の古いＳＰレコードとかを１枚１枚ターンテーブルでかけるんだけど、めちゃくちゃかっこいい。テピトっていうメヒコのなかでも危ない場所とされている地区、メルカドがあって、その真ん中にメモがやってる雑貨屋アバロテスがある。その裏にレコードがびっしり並んでいて、コロンビア盤、メヒコ盤、アメリカ盤って、同じレコードが６枚ずつくらいコレクトされていたり

する。お父さんのメモと息子のメミトが一緒にやってるサウンドシステムなんだけど、マジで半端ないよ。

で、実は俺の日本にいる仲間がメモ・ミクスと繋がりがあって、頼み込んで彼らを撮影して映像作品を作ることになった。でも、テピトを歩き回って撮影するなんて危なすぎる。目が血走ったような危ないやつらがどんどん集まってくるから、やべぇやべぇもう逃げようってビビりながら撮影して、なんとか奇跡的に撮影できたんだよね。ビビってんのがバレちゃ余計にまずいから、「腹減ったからメシ食いにくか。どっか美味いとこない?」みたいに落ち着いた空気を出して退散した。

でも、そのときのメモ・ミクスのプレイが本当に素晴らしくて。ソニデロの活動を讃えるミサだったたんだけど、彼らの20年の活動の歴史を感じて、俺、号泣しちゃったんだよね。たぶん俺が泣いてる映像も撮影されてるよ。その素材は仲間と一緒に6本のドキュメンタリーに編集した。

これは、いつかどこかで公開しようと思ってる。みんなびっくりすると思うよ。

04

エスパニョール

¿HABLAS ESPAÑOL?

フレサになるな

メヒコには「フレサ」って言い方があって、イギリスでいう「ポッシュ」。「上流階級」って意味合いだけど「鼻につく野郎だな」みたいなニュアンスで使われる。イギリスは階級がはっきり分かれてるからポッシュはポッシュでしょうがないんだけど。メヒコで急に金をもちはじめると、フレサを気取り出すやつが出てくる。それがいきすぎて「こいつすげえクソじゃん」みたいな感じになると「マモン」って呼ばれる。実はイギリスでもポッシュに憧れがあったり、メヒコでもフレサに憧れがあったり、自分も上流のほうに入っていきたいと思うのは自然なことなんだけど、タコスの周りっていうのは圧倒的にストリートの大衆文化。

わざわざメヒコから俺の店に食べにきた人たちに対して、俺は砕けた感じでスペイン語で話しかけて、「どんな方法でも金を稼いでメヒコに還元しなきゃね」みたいなことを平気で言う。するとメヒコの人も「この店最高」、「メヒコのタケリヤと一緒じゃん」みたいになる。タケロは「カジェヘロ」って言ってストリートの人間なんだから、こういう砕けたコミュニケーションが重要になってくる。ビジネスで成功して有名になった瞬間に、上流階級みたいになったらタケロとしておわり。「ジャミタ・エス・フレサ（ヤマトはフレサになっちまった）」って思われたらもうおしまいなの。それは取り返せない。ちなみに「ジャミタ（Yamita）」ってのは俺のニックネームね。「Yamato」だと「殺すぞ」って聞こえるから。「Ya」はメヒコでは「ジャ」って読むから、そう呼ばれるようになった。意味は「灯び」。

うちのタケリヤにはタコスを作るタケロとレジ担当のカヘラがいて、タケロの中のトップが俺が今やってること。やっぱタケロはストリートヒーローだし、タケロが場をコントロールすることで、みんなが安全にそこにいて美味しいものが食べられる。その場の責任をとるのがタケロの仕事だと思う。言葉のコミュニケーションももちろんだけど、店のたたずまいだったり、スタイルだったり。そういう部分も見られている。

あと、俺はタケロとしてのコミュニケーションの手段として、相手の体に触る。肩を組んだり、肩パンチしたり、おばちゃんを抱きしめたり。そうやって、フレサなんかじゃなくて、ストリートのタケロだってことを伝える。俺は近くにいるよ、俺は絶対お前らと一緒なんだぜって。そういうことをやるならスペイン語がいいに決まってる。相手がチカノスでもグイグイいく。で、そいつがスペイン語喋れないんだってわかった時に、はじめて英語にスイッチして話す。「エスパニョル・メホル・ノー？（スペイン語で話すほうがいいだろ？）」とか言って、その場の空気を作ってコントロールする。ストリートでは、場をコントロールすることがすごく大事。

ウェイウェイ言うな

俺たちの店ではメヒコ特有のスラングも飛び交ってる。「元気?」は「コモ・エスタス?」よりも「ケ・オンダ?」がウチでは使われてるね。砕けたストリートの空気感にはそっちのほうが合ってる。でも、俺が気をつけてるのは、現地の人が使うような崩しすぎたスラングを言わないってところ。そのギリギリのラインが品だと思う。例えば「ウェイ」は言わない。外国人が会話中にいきなり「おまえ」って挟むみたいなもんだから。急に出会った人にそんなこと言うのって気持ち悪いでしょ。外国人が日本語ペラペラになったからって、「おめえさ」みたいになってるのって気持ち悪いじゃん。ウェイっていうのはそれぐらい崩れてて、だからペルー出身のスタッフの子が仕事中にウェイを使いまくってて、創業メンバーのひとりに「俺のこと誰だと思ってんの？　真剣に話してるときにウェイを挟むな」って怒られてた。男同士で会話してるときには使ったりするけどね。使い分けるっていうか。「ノー・マメス（まじかよ／ふざけんなよ）」も使わないな。「ノー・マンチェス」は同じような意味だけど、よく使う。ノー・マメスは「なめんじゃやねえ」みたいなニュアンスまで含んじゃうから。すごい口悪いし、俺は嫌い。あと、迂闊に使うと危ないってこともある。そういうセンスってあるよね。不良にも流儀がある。

外国人があんまりペラペラでも面白すぎるよね。日本語に置き換えるとよくわかるけど、やっぱ「俺」より「僕」がいいんじゃない、とか思うじゃん。外国人が使う言葉のおかしさって、生活の中でいろいろあって、英語だとその気持ち悪さがなんとなくわかると思うけど。「エイ、カブロン（おい、バカ野郎）」とかさ。外国人と友だちになって、飲みの席

で「なんか汚い言葉教えて」とか言うやつって、やっぱり下品なやつ。その場限りのことにしかならないし、つまんない。めんどくさいな、こいつって思うじゃん。じゃあ自分はどういうキャラクターでどう喋りたいかって考える。やっぱ品格だよ。言葉選びにもそういうところが出る。これも粋と野暮だよね。全部が粋と野暮にたどり着くけど、エレガンスがないとダメ。圧倒的にかっこいい不良の先輩とか、エレガンスがあるんだよ。セクシーなんだ。それは下品じゃないんだよ。

そのへんのラインがわかってくると、俺が崩したコミュニケーションしてても、メヒコのおばちゃんたちが「ジャミタ、いいわね」って言ってくれる。俺がチャラチャラしたスペイン語喋ってたら、なんだよってなるじゃん。店で「一緒に写真撮ってもらえますか?」とか「動画撮っていいですか?」って言われるんだけど、そういうときに「シンコ・ペソス（5ペソ払ってね）」みたいに返すのはウィットだよね。冗談だけど、みんな笑ってくれる。どのタイミングで何言ったら面白いとか計算できるのはストリート・ナレッジだし、「この人ほんとにエカテペクにいたんだな」って説得力に変わる。

日本人にはわからない気遣い

メヒコのスペイン語と、それ以外の国のスペイン語のちがいもたくさんある。メヒコで特徴的なのは「マンデ？（なんて？）」だよね。あちこちで飛び交ってる。「え？　なんて言ったの？」、ってニュアンスだけど、元々は「私にお申しつけくださいませ」みたいな、スペインに征服されてた時代の名残だよね。言葉だけが残った感じ。他のスペイン語圏の国だったら「ケ？（なに？）」とか言うと思うんだけど。あとは「プロベチヨ（めしあがれ）」もそう。メヒコの店で食事してる時、あとから入ってくる客が通り際に「プロベチョ、プロベチョ」ってみんなに言う。最初はオーナーがテーブルに挨拶に来たのかなって思ってたんだけど。店を出ていく人もそう。食べた後はみんなに「プロベチョ」って言って出ていく。メヒコのよさっていうか、実はそのぐらい気を遣う国。ちゃんとその姿勢を出すよね。握手もちゃんとする。揉めたら死んじゃうから。ほんとに危ないから、俺はあなたの敵じゃないし、あなたも私の敵じゃないよね、って確認を必要以上にする。みんな好き勝手やってるように見えるけど、実は日本人にはわからない気の遣いかたをめちゃくちゃしてる。

僕はフレサじゃない、みんなと同じところにいるっていう感じをぐいぐい演出したほうがいいっていうのはある。だから、俺はみんなにめちゃくちゃ話しかける。一緒に座ったりとか触ったりするのはそれで、相手を引きずり込む。お互いそう。かしこまらなくていいよ、緊張しなくていいよ、って崩していく。メヒコには全体的に緊張感があることの裏返しなんだけどね。それを解くためのコミュニケーション。

　アメリカにいるチカノスなんかはどこにいてもすごい警戒心があって、ちょっとかわいそう。ある意味、日本みたい。メヒコの人のほうがまだ心を開いてて、気遣い合いながらすぐ仲良くなれるんだけど、チカノスは目が笑ってない。全然、人を信じられてない感じがある。

エル・チランゴ

「エル・チランゴ」っていうトレス・エルマノス主催のパーティがある。チランゴは「よそ者」みたいな意味。DF（シウダド・デ・メヒコ）の人がデフェーニョ。江戸っ子みたいな。チランゴはデフェーニョに対するよそ者。江戸に住んでるんだけど、江戸出身じゃないやつに対する呼び名みたいな。元々プエブラ出身なんだとか、ゲレロから来たとか。「あいつはチランゴだよ」って。首都に流れついて仕事をしてるけど、首都の人間ではないっていうのがチランゴ。「田舎もん」みたいな蔑称としての意味合いもある。だから、俺が「ムイ・リコ・ムイ・チランゴ」ってキャッチコピーを書いたときに、一部の人から「自らをチランゴっていうのはどうなんだ?」っていう意見をもらったんだけど、俺はチランゴに誇りがある。「エレス・チランゴ（あなたは田舎者）」って言ったら相手に失礼になるけど、自ら名乗るのはありでしょ。「エル・チランゴ」って雑誌もあるくらいメヒコでは浸透した言葉。「タイムアウト東京」みたいなDFの情報誌なんだけど。

メヒコのナマリ

メヒコのなかでもナマリはある。3つの大都市、シウダド・デ・メヒコとグアダラハラとモンテレイでは話し方がぜんぜん違う。カンクンがあるユカタンなんかは京都みたいにしゃべりが遅くて、ゆったりして上品な感じ。なんかかわいいよね。

俺はもろシウダド・デ・メヒコっぽい。やっぱタコス屋だから道端の言葉だし、お客さんを煽ったり面白がらせる喋り方ってなると、促す喋り方になる。語尾をのばしてね。俺は自分のこの仕事を楽しみながらやってて、自然とこういう喋り方ができあがった。店に来た人も「なんかこの人めちゃめちゃ喋るやん」みたいな。

「ケ・オンダ・ブロ」って言い方があって、ブロってのは、ブラザーのブラ。友だち、仲間みたいな親密さの表現はほかにもカブロンとかカルナルとかコンパとか、いろんな言い方があるんだけど。スペイン語と英語が混ざるスパングリッシュはチカノスとか北部の人がよく使うよね。彼らは仲間のことを「コンパ」とか言いたがる。「エルマノ（兄弟）」ってのは呼びかけに使う言葉。ちょっと仲良くなったら、「お前のことエルマノって呼ぶぞ」みたいな。あと「ビエホ」とか。ノルテーニョの人気ミュージシャン、グルポ・フロンテラなんかもメンバーを「ビエホ」と呼び合ったりしてる。

ディアス・オ・タルデス

面白いなと思うのは、ブエノス・ディアス（グッドモーニング）とブエナス・タルデス（グッドアフタヌーン）がめちゃくちゃ厳密。ディアスっていうのは12時までで、間違えると絶対言い直される。11時30分ぐらいにブエナス・タルデスって挨拶すると「ディアスでしょ」みたいに。街中でもコンビニでも言い直されるよね。メヒコの人って朝5時ぐらいに起きてミックスジュースがっついて道端でなんか食うところからはじまるから、朝がはやい。世界でいちばん労働時間長い人たちって言われてるんだよね。だから、俺たちはもう働いてるのに、遅くに来たおまえが「タルデス（遅い）」ってなんだよ、みたいな感覚もあると思う。遅刻してきたやつに「ブエナス・ノチェス（グッドイブニング）」って嫌味ぽく言うってのはあるね。俺も午前中に店に来たお客さんに言い間違えると、全員に突っ込まれる。「タルデス」と「ノチェス」の境目は難しいよね。日が落ちたらなのかなとか、そこはめっちゃ曖昧。いつも会う人、仲間には「ブエン・ディア」って省略したりね。でも、知らない人に声をかけるとき、それはふざけすぎ。というかエラそう。ジェネラルな「ブエノス・ディアス」って言い方にしないと危ないよね。言葉の周りに文化があってひとつの言葉になるから、何を選ぶか。スラングばっかり使おうとするやつは、まじで遠回り。何こいつって思われるよ。

ちっちゃく、かわいく

地元の女の子（男の子）と付き合うと言葉をすぐ覚えるってのはある。人と深く向き合うから、そのフレーズを自分のものにできるし、その言葉を使う理由は何なのかっていうこともすごい深くわかる。「ミ・カリニョ（最愛の人、かわいい人）」って呼んだり、恋人は「ミ・アモル」、「ミ・コラソン」だしね。スマホに恋人のことを「ミ・コラソン」って登録す

るとか。日本だとなかなかないよね。あとは、俺が「ジャミタ」って呼ばれるみたいに、とにかくかわいく、ちっちゃく呼ぼうとする。他のラテンアメリカの国と比べて、メヒコの大きな特徴は、全部ちっちゃく、かわいくする。この例はブラジルだけど、ロナウドがロナウジーニョになるみたいな。カフェシト（コーヒー）、シガリト（タバコ）、ガティト（ネコ）みたいに全部。おばちゃんは特にそう。大阪のおばちゃんが「アメちゃん食べる？」って言ってくるみたいな話。男でも使うからね。それはメヒコ特有じゃない？　あとは「アオリタ」。「アオラ（今）」のちょっと後、ちょっと先みたいなイメージ。「トマモス・カフェシト・アオリタ（今コーヒー飲んでる）」みたいな。

ジャ・カシ

「ジャ・カシ（もうちょっと）」ってのもあるね。「ドンデ・エスタス・アオリタ？（今どこ？）」って友だちに聞いたら「ジャ・カシ・ジェゴ（もうすぐ着く）」って言って2時間くらい来ない。女の子が外出の準備してるときに「ジャ・カシ、ジャ・カシ」みたいな。蕎麦屋の出前みたいな「いま出ました」みたいな感じ。シウダド・デ・メヒコではスマホをすぐ盗まれるから外でなかなか出せない。歩いててもバイクで後ろからサッて盗まれるからね。メトロでもメトロブス［バス］でも、人混みにまぎれててやられる。そういう背景もあって、一旦外出すると連絡がつかないことがある。Uberでドア・トゥ・ドアで移動みたいなのは金もってるやつで、そうじゃない人はメトロとかコンビ［乗り合いバス］とか公共交通機関を使う。でも、雨降ったらメトロ止まっちゃうし、だから人と待ち合わせしてて、遅れてるのに連絡つかなくなって何度揉めたか。最初それがわからなかったけど、徐々に理解して、それからは考えないことにした。

最初は時間の感覚でだいぶイライラしてた。意味がわかんなかったから。だけど、危ないから外でスマホは出せないし。雨降ったらメトロは止まるし、ソナ・ロサとかコロニア・フアレスなんてぜんぶ川になっちゃうからね。ちょっと雨宿りしてたら、水がサーって引いて元通りになるんだけど。日本みたいにリスペクトしてる相手は待たせないとか、仕事だと遅れないとかもあんまない。で、遅れても謝らない。「だってもう来たじゃん」ってケロっとしてる。

北に近づくな

スマホを外で出せないって話だけど、メヒコの中でもいろいろあるからね。俺が住んでた北東のほうは出せなかった。でも、南のCU（大学都市）側とかコジョアカン、金持ちが住むポランコとかローマは大丈夫だったり。ちょっとメヒコとは思えないような銀座みたいな場所もあるよね。走ってる車全部メルセデスみたいな地域。北と南で全然ちがう。俺が住んでたエカテペクとか、空港のほうに行くほど危ない。うちで働いてるメヒコ帰りの女の子はスペイン語の学校行ってコジョアカンに住んでたから「ヒプステル（ヒップスター）」って冗談で呼ばれてからかわれてる。コジョアカンはおしゃれな人とか芸術家のサロンとかで発展した文化があって、シウダド・デ・メヒコでいちばん古い教会があったり、フリーダ・カーロ博物館もあるしね。俺の友だちのコジョアカンの女の子も親がヒッピーだった。日本で言ったら東京の吉祥寺とか国立みたいな、昔のヒッピー文化がそのままあるような。村上龍の本に出てくるような。福生はアメリカとのミックスだからちょっと違うんだけど。

稼ぐなら南

セントロに住んでる友だちもいて。セントロからちょぃずれるとゲレロとかテピトになるから、俺としてはそっちのほうが南側よりも親近感がある。ブエナビスタとかレボルシオンの周りとかコロニア・フアレス、クアウテモクとか、そのあたりが俺がシウダド・デ・メヒコでわかる地域。あとはローマとかコンデサとかはおしゃれで金持ちそうで、イタリアみたいにかっこいい。ちゃんとグローバルにビジネスをしようとか稼ごうってなると、どうしてもそっちになってくよね。メヒコはローカルとの差が激しいから。チャプルテペク通りを越えてローマとかコリマとかね。仲間の兄貴がレバンチャャっていうレコード屋をやってたりする。そういうセンスがよくてがっつりビジネスやってるようなやつは、スペインの征服者直系の苗字が多い。ロドリゴとかフアンとかね。ロドリゲスとかフアレスとか、名前の後ろにゲスとかレスとかついてるやつらは、誰かの所有物だったっていう意味。植民地時代にできた苗字で、ロドリゴさんのものとか、フアンさんのもの、みたいなニュアンス。グアダラハラのやつらとかは、フランスとかスペインとかの植民地支配の子孫が多かったりして、ヨーロッパのセンスが理解できたりとレベル高い。グアダラハラなんかはもう全然違う街。人間の顔つきが違うし、センスが違うよね。着てるもんとかもね。メヒコでイケてるものは全部グアダラハラからはじまるって思っていて、シウダド・デ・メヒコでチャレンジする。ローマ、コンデサとかでかっこいいことやってるやつはほとんどグアダラハラ出身。シウダド・デ・メヒコはもうほんとにダサい。ピチピチのジーンズにグッチのTシャツ着て、お腹ポンポンでてるみたいな感じ。あのダサさが典型的なイメージ。

05

脱アメリカ

DESAMERICA-
NIZACIÓN

アブラス・エスパニョール？

アメリカ人というか英語圏の人は英語が通じるもんだと思って店にやってくる。けど、俺たちはまずスペイン語で対応する。店ではスペイン語が飛び交っている。それはなぜか。

今のうちの店のスタッフの構成は50％がメヒコ生まれのメヒカノス。シウダド・デ・メヒコ出身が多くて、あとはシナロア、ベラクルス、モンテレイ。20％がアメリカ生まれのメヒカノス。20％がメヒコ帰りの日本人。あとの10％が他のラテンアメリカ出身で、グアテマラ、コロンビア、チレ、ペルーあたり。基本的にはスペイン語が俺たちの共通言語で、接客も基本はスペイン語でやっている。スタッフの中でもスペイン語しか喋らない、英語を喋りたくないっていう強硬派もいて、スタッフ間で

UY RICO
Y CHILANGO
PORQU
SON A

揉めたりもする。

たとえば、アメリカ育ちのスタッフなんかは英語を喋って暮らしてたから、英語を話すお客さんに違和感がない。でもそれ以外のメヒコ100%のスタッフは「なんでタケリヤで英語のコミュニケーションしなきゃいけないの」って思ってるやつもいる。昔の俺もそうだった。スペイン語もできるのに英語ばっかり喋るスタッフに対して「お前なんだよ」みたいなのはあったね。みんなスイッチすれば英語も喋れるけど、俺たちがやってることは英語圏の文化ではないから、すごく違和感がある。

ニュークラシック

別の視点から考えると、アメリカ育ちのスタッフはアイデアが豊富だったり仕事ができたりする。「効率化するためにウォーマーを使おう」とか、そういう改善策がたくさん浮かぶ。メヒコのやつにそういうアイデアはなかなか出ないからね。アメリカに住んでたやつは、日本人と同じようにビジネスの話ができる。

でも、やりすぎるとメヒコらしさがなくなってしまう。そのよいバランスを考えるのが俺で、トレス・エルマノスが提示しているものは「ニュークラシック」だと思っている。それが逆輸入というか、本場のメヒコのタケリヤにインスピレーションを与えることもあるらしい。儲かるからって極端に効率化してもダメで、メヒコのいちばんいいところをちゃんと残して、もっと頭を使って効率的に改善できるところは改善して、トレス・エルマノスに関わっているみんなにもっと分配できるほうがいい。頑固ジジイのラーメン屋が一発当たったけど、おじさんが倒れて味を継承できずに一代で潰れたなんて話はザラにあるけど、それこそくだらないでしょ。

タコスにおいても、そういう両立をしてかないとメヒコ自体がダメになっちゃう。メヒコのいいところをちゃんと残して、改善できるところ、取り入れられるところは取り入れる。一歩前に踏み出すことをしなきゃいけない。その加減が難しいけど、タコス屋が肉の塊を叩き切らなくなったらイヤでしょ。ウォーマーに入った崩した肉をトングでつまんでトルティージャに載せるようになったらぜんぜん面白くない。肉を叩き切って手掴みして載せる。それが根っこの部分。寿司屋がゴム手袋はめて、チューブわさび使いはじめたら気持ち悪いでしょ。

粋と野暮

日本の他のタコス屋もメヒコのいいところを残してやろうとしてるの

かもしれないけど、俺からしたら、どこがいい部分なのかわかっていない。メヒコの「これじゃない」部分を軽薄にいただいて、「これがメヒコでしょ」ってやってるけど、そうじゃない。一年中「ディア・デ・ムエルトス（死者の日）」の紙飾り［パペル・ピカド］を出してるとか、センパスチ［死者の日に飾る花、マリーゴールド］を置いてるとか。ディズニー映画の「リメンバー・ミー」みたいな世界観とか。そんなもん全部タコス屋に必要ない。いいところを取ろうとしてるのかもしれないけど、本当のいいところを知らない。日本の寿司屋がドラゴンボールの格好しないでしょ。町文化の中で寿司ができたんだから、その町文化ってところが取り去られて、一年中江戸のハッピ着て祭囃子かけて寿司握ってるなんて気持ち悪い。日本の文化に置き換えてみたらすぐわかるはずなのに。1年に1度のお祭りだからハッピ着るのに、それを毎日やってるみたいなタコス屋が多すぎる。そんなの野暮中の野暮じゃん。海外の寿司屋でも残念なのあるじゃん。俺には日本のタコス屋があいう感じに見えるってこと。味は美味いのかもしれないけどね。

トレス・エルマノスとしては「俺たちは料理人じゃない。タケロだ。それを誇っている」。これもど真ん中の考え方だね。美味ければなんでもいい、なんてことはまったく思っていない。

テックス・メックス

アメリカにもいろいろあって、メヒコのコミュニティで育ったアメリカの人たちはタケリヤの文化もちゃんと知ってる。例えば「テックス・メックス」って言葉があるけど、ちょっと馬鹿にする空気がある。それってテハス（テキサス）の人にすごい失礼。テハスの人たちはバリバリの白人が多いけど、メヒコと混ざっている地域で、スペイン語を喋る人が多い。メヒコの料理を食べて育っているし、うちに来てもスペイン語を話そうとしてくれる。メヒコの文化に理解があって温かくて気持ちのいい人が多い。ちゃんとメヒコをリスペクトしてる。テハスってアメリカから独立できるぐらい資源が豊富で、石油も出ちゃう。そういうバックグラウンドがある。

逆に、西海岸の人たちはカリフォルニアロールを作っちゃうようなメンタリティだから、リベラルという名のもとに無自覚にぶち壊す。タコスに関しても「タコスは私たちのもんだ」、「自分たちがいちばん」、「自分たちはすごく新しい」みたいなアメリカ的価値観に飲まれたタコスを作っちゃってる。

テハスは大統領選でドナルド・トランプを応援したという背景もある。リーガルな方法でアメリカに入ったメヒコ系移民が多くて、彼らはトランプのことを嫌いじゃないから。逆に言うと、後からイリーガルに入ってきた移民がずるくて、トランプが自分たちの立場を揺るがして困ると考えている。いろんな事情があるけど、イリーガルにアメリカに行くやつはメヒコから逃げてくやつで、アメリカの価値観が好きなんだから。でも、メヒコにいる人にとったら、トランプだろうがバイデンだろうが、どっちでもいいんだよ。トランプ嫌いなんて左翼メディアが作ってる話で、誰が言ってるかというと、西海岸の強烈な左翼、リベラルな人たち。「she/herとか性自認を認めてくれ」とか「ビーガンの権利を守れ」とか、自分らの権利ばかり主張するような人たちが「トランプは悪だ」みたいに怒っている。でも、バイデン政権になってから、西海岸で10万円以下の窃盗がほとんど罪に問われなくなって、治安がひどいことになってるわけ。ウォルマートが潰れちゃうぐらい万引きされまくり。そういう政治の歪みもあって、トランプがまた大統領に復活するでしょ。古き良きアメリカを取り戻したい人、アメリカで負けてしまった白人男性みたいな人たちはトランプを推すに決まってるよね。世界のお世話ばっかりしてないで、自国民のことを第一に考えてくれてありがとうって。いい悪いじゃなくて、一般の人はそう思ってるって話ね。

例えば、日本で流行ってるクラフトビール文化も、中西部の田舎者の白人の男たちが「ダメな俺たちもなんかやんなきゃ。ビールでもやろうぜ」みたいな文化なわけ。日本では全然違った風に伝わっていて、「アメリカの風かっこいい」みたいになってる。そういうバックグラウンドがあるんだけど、全然伝わっていない。でも、よっぽど健全だよね。

西海岸の人たちのほうがひねくれちゃって、これがよくない。元々あるメヒコの文化をめちゃくちゃに壊して、「新しい価値観でしょ」みたいな。西海岸に移り住んだメヒカノスもアメリカになびいてスペイン語を喋らない人が多い。で、テハスの白人がスペイン語を喋ってる。メヒコのほうを向いてる。俺たちはテハスの人たちが店に来ると「なんだ、グリンゴ（アメリカ人に対する蔑称。メヒコから見た「よそ者」というニュアンス）じゃん」って思うけど、テハスに移住したメヒカノとも仲良しだし、ずっと一緒にやってきたという歴史があるわけだから。俺たちは「１００％レスペト・テハス（完全にテキサスをリスペクトしている）」っていつも言ってる。ほんとにそう思ってる。俺はテックス・メックスが悪い意味で使われるのはすごいイヤ。テックス・メックスのほうが西海外のタコスよりよっぽどオーセンティックだよ。

テハスは保守の街だけど、国の成り立ちからいってアメリカの保守って「アメリカを自由の国にしよう」という保守だから。日本の保守と意味合いがぜんぜんちがう。今の変なグローバリズムの自由よりも、よっぽど自由を求めている。ニューヨークだって元々は保守で、「ここにチャンスがあるんだ」って自由の女神のところにみんながたどり着いた。

でも今はなんか違うでしょ。テハスにいる移民をニューヨークに送りつけたらどうするつもり？　「アメリカは移民を受け入れるべきだ」とか耳障りのいいこと言って、テハスの地方行政が「中南米からの移民をバスに乗せてニューヨークに送ります」ってなったら「すみませんでした。テハスはこんな大変なことに向き合ってくれてたんですね」ってなったんだよ。テハスの州兵とバイデン政権はずっと揉めてたからね。内戦ギリギリ。

ブリト？　チリコンカン？

日本ではチカノスとメヒカノスが混同して語られたりする。チカノスの音楽をメヒコのど真ん中の音楽と思ってる日本人も多い。それは大きな勘違いで、メヒコ、特に首都のシウダド・デ・メヒコから見ると、チカノスは地方のヤンキー文化。ミキハウスの上下ペアルックでコンビニの前にしゃがんでるみたいな。チカノスのことを「超ナコ（学がない）」って揶揄したりする人もいる。表だっては言わないけどね。

ブリトって日本だとメヒコのものみたいな認知されてるけど、メヒコでブリトを食べる人はほとんどいないし、ティファナの人たちでもブリトはあんまり食べない。シウダド・ファレスに細いブリトがあるけど、アメリカのものとはまったく違う。米と豆を入れてみたいな、ああいうのではない。歴史的にはアメリカ人がメヒコから来た労働者に「お前ら、こんな感じが好きなんだろ」って振る舞った。そういうとこからはじまってる。アメリカ発祥だと言われていて、ブリトのブロはロバだからね。メヒコの労働者を馬車馬のように扱って「おい、ブロ」って呼んでた。だからブリトは「ロバちゃん」みたいな意味。メヒカノスからすると

「ブリトとはなんだ！」みたいな気持ちもあるかもしれない。アメリカ人から「どうせこういう感じで食ってんだろ？　丸めて食っとけ、この野郎」みたいに渡されたのがブリト。丸めるっていうのは、持ち帰るために開発されたんだろうね。逆にタコスはその場で食べるものだから。

ブリトはシウダド・デ・メヒコにはほとんどない。ノルテーニョ（北部の人）の文化でアリナ（小麦）で作ったトルティージャを使う。うちのシナロア出身のスタッフはアリナも食べるよ。でも、どっちが好きかって言ったらやっぱマイス（トウモロコシ）だよね。北部の人たちはアリナの上に焼肉のっけて食うような文化もあるけど。ブリトをタケリヤで出してる時点で、メヒコの人は絶対行かない店になることは決定だね。ナチョスを出してても行かない。

あと、チリコンカン（＝チレ・コン・カルネ）。それにチーズをタラっとかけるみたいな。そんなタコス屋は絶対行かない。メヒコには「ワカラ」

っていう表現がある。「気持ち悪い」って意味。「ケソ・アメリカノ」とか言って、「アメリカ嫌い」っていうことの象徴のようにね。チリコンカンってなんなんだろうね。カルネ・モリダ（ひき肉）自体がメヒコにほぼない。タコスでも肉を叩き切って結果的にひき肉みたいになるけど、ひき肉の状態は傷みが相当早いから、そんなことやらないよね。叩き切ったらすぐに出さないと。シウダド・デ・メヒコにはカルネ・モリダはほぼ見つからない。日本で言われるタコスミートとかタコシーズニングっていうのがもう間違い中の間違い。まず肉にシーズニングで味付けしない。特にシウダド・デ・メヒコは油で煮込んでいくんだけど、味付けは塩ぐらい。どこで間違えたんだろうね。ケイジャン料理も混ざったと思うんだよね。アメリカのフレンチミックスみたいな。

なぜメヒコの食文化は間違って伝わるのか

「あなたの店のトルティージャはハードですか？　ソフトですか？」みたいな、知ったかぶりしたやつがたまに来る。ハードなんかないよ。レタスが挟んであったりするのも間違い。でも、勘違いしていく流れがあったんだよね。タコドラドとかフラウタスって料理があって、鶏肉を15センチの家庭用のトルティージャでくるくる巻いて、フライパンで揚げる。それを４本ぐらい並べて、レチュガ（レタス）を刻んで上にかけて、トロトロのクレマをかける。日本でいう生クリーム。メヒコの人は何にでもあれをかけて食べる。それがねじれて、アメリカでサワークリームを載せるみたいになっていくわけ。だから、アメリカ人が来て、「サワークリームある？」みたいな知ったかが発生する。ほかにも「レングア

（牛タン）ある？」とか「パストルある？」って知ったか。うるせえ、ここはスアデロのタコス屋だぜ。天丼屋さんに来て「カツ丼ある？」って聞いてるみたいなもの。「ここ天丼屋ですけど」って言われて終わりだよね。

日本はアメリカ経由ですべての物を知る状態だからね。メヒコが英語を喋ってると思ってる人も多い。「何語なんですか？」って、メヒコへの理解度はそんなもの。そんなところからまったく知られていない。ビン入りのホットソースの文化もそうで、あれはメヒコとはあまり関係がない。アメリカの中西部白人の「俺、強い男だから、辛いの平気だし」みたいな流れで発達したんであって、「メキシコ料理って辛いんでしょ？」みたいに言われるのも違う。メヒコの辛さは「ピカンテ・ペロ・リコ（辛いけどうまい）」。辛いだけじゃない。メヒコの人は辛さに何を求めてるかと言ったら、「セ・メ・アセ・アグア・ラ・ボカ」。辛いもん食べた時に口にジュワってよだれが湧くこと。日本人の文化だったら出汁でそうなるでしょ。口の中にジュワって湧くあれを旨みという感覚と繋いでる。

コロナビールにライムを刺すとか、テキーラをショットで飲むとか。そういうのもメヒコとはあんまり関係ない。テキーラ飲むとしたらボトルで飲む人が多い。メヒコだと夜外に出られないからみんな家でソーダ作ってウォッカソーダとかバカチョ（ラムコーク）とかが多かった。シウダド・デ・メヒコに住んでるノルテーニョがテキーラ買ってホームパーティーやってるのかもしれないけど、街でテキーラを出してるところもあんまり見ない。

メヒコの基本はセルベサ（ビール）。セルベサはライトならライトなほどいい。国産メーカーのテカテもライトがモンテレイでは売れる。モデロはエスペシャル。重いのは好まれない。水みたいにバンバン飲みたいから、アルコール分が低い水っぽいやつが好きだよね。フットボールのスタジアムとかクラブに行くと、ミチェラダばっかりでしょ。ミチェラダってのはセルベサのコップのフチに赤くて甘辛いチャモイをつけて飲むの。あれ梅ジャムだよね。元々は日本の漁師がメヒコにたどり着いた時に伝わったらしくて、いまは梅じゃなくて別のフルーツで代用してるみたい。

テピトなんてもう入口からミチェラダだらけ。飲みやすいからみんなドロドロに酔っぱらってて危ないよね。エカテペクとかだと、鼻と口を手でおさえて踊ってるやつがいるんだけど、あれはトンチョ（ボンド）を手に塗って吸ってるんだよね。日本でいうシンナーみたいな。

爆音の中の静寂、暴力の中の愛

話がまた物騒なほうにいったけど、メヒコではそういうのは当たり前に裏にいつもある。圧倒的な爆音の中にある静寂とか、揺るがない暴力の中に愛がある。そういうことって俺が伝えられるひとつだと思ってる。美しいんだよね。サウンドシステムのスウィートスポットに入った時に、爆音なのにものすごい静かな感じがする。暴力の中にすごい泣き出しちゃいそうな愛がある。圧倒的なものを見せられた時に、人間が覚醒する。それで俺は「愛に帰る」ってところにたどり着いた。その圧倒的なものを見たから「だってタコスは愛だから」というフレーズに行き着いた。トレス・エルマノスを象徴するキャッチコピーが生まれた。これは愛しかねえなって。危ないことだけを伝えたいわけじゃないけど、メヒコにある危ないことや闇があるからこそ、愛がキラッと浮き出てくる。そういうことが美しいんだよ。こういう話が誰かを感化することにつながることがいちばんいいし、愛のあるコミュニティがしっかり作られて、新しい日本の形だったりとか、外国人が活躍する日本だったりとか。で、誰かがそれに感化されたら、自分にできることを1歩踏み出すかもしれない。「いや俺関係ないし」じゃないんだよね。自分ごととして生きていくこと。そこに愛あるメッセージを伝えてるつもり。おこがましいけど目覚めを促してるっていうか。日本はポテンシャルが高いわけで、日本人は面白い人が多いし、才能あると思うからね。

メヒコのど真ん中を日本で再現する

最初のトランプ政権の時代にメヒコにいたんだけど、トランプ叩きはメヒコではあまり聞かなかった。それよりも、トランプからバイデン政権になって変わったことがたくさんあった。バイデンを支持する「私たちはスマートだ」みたいな人たちが、コロナ後にシウダド・デ・メヒコに流入して、家賃が高騰した。バイデン政権で嫌になって、特に西海岸でITで儲けた人たちがメヒコに拠点を動かしまくったので、シウダド・デ・メヒコのいい場所を全部彼らが借りてしまった。で、メヒコの人も金になびいて、どうぞどうぞつって家賃をあげて、アメリカ資本のおしゃれタコスがいっぱいできた。タコスは辛くなくなってるんだよ。アメリカ人向けにサルサが辛くなくなってる。そこで働くメヒコの人たちも「グリンゴ向けに高い金取っちまえ」ってタコスにツバかけながら売ってさ。ひどいよ、今。シウダド・デ・メヒコのやつがうちに来ると「メヒコは今やばい状況だよ。だから、ジャミタがメヒコのオリジナルそのまんまを日本でキープしてくれていて嬉しい」って。俺はいつも彼らに言うんだよね。メヒコの人には俺が発してるメッセージを忘れないでほしい、メヒカノスである自分たちにプライドを持ってほしいって。俺がメヒコのど真ん中を変わらずにやったら、そこがメヒコになるんだ

CERRADO
SOLD OUT!
売り切れ
11:00 AM
See you on Tuesday!
11 AM

ぜ。俺は金になびいてなくて、メヒコに還元することをやり続ける。日本のマーケットをメヒコの人に開くってことを一生懸命頑張ってる。俺が日々戦ってる理由はそれだよ。だから、あなたの日本での経験、この店での経験をメヒコにいる友だちに伝えてくれってね。

メヒカノスのタフさ

トランプで国境の壁が高くなって嫌だって言ってるのは、ずるい人だよ。メヒコを通過してホンジュラスから逃げてきた、アメリカに行きたいけど行けない、そういう人たちの話。あとは、メヒコで悪いことやっちゃって殺されるからアメリカ行かなきゃとか。ナルコトラフィックに入り込んだら、もう戻れない。それに身を投じたんでしょ。そんなの朝から晩まで一生懸命働く善良なメヒコの人にとったら迷惑な話。彼らからしたら「トランプどんどん壁を作ってくれ、こっち側の仕事は全部もらうわ」って。建設業者が増えればその周りでタコス売れるし。マフィアがトンネル掘れって言ったらそれも仕事になる、っていうギャグがあるぐらい。「ノ・パサ・ナダ。ノソトロス・トラバハモス（なにも問題ない。われわれは働く）」。メヒコの人はそのぐらいタフだよ。

今は南米経由でメヒコからアメリカに入ってきた中国人がめちゃくちゃ多い。エクアドルは中国からビザなしで入れるんだけど、そこからいくつもの国を歩いてアメリカまで来るからもう大問題。それを世界の片側からだけ見て、バイデン政権が移民に優しいとか、いやいや、ちょっと待ってと。ニューヨークだって困ってるよ。

トランプの発言でメヒコの人にも評価されたのは、「アメリカは世界の警察じゃないし、俺たちは俺たちのアメリカをもう1度取り戻す、ってことをやっちゃダメかい？」と宣言したこと。アメリカ・ファースト。まず我が国を考えればいいわけで。世界は結局、民主主義というよりは、経済至上主義かどうかって話で。トランプが言ったのは、経済至上主義かもしれないけど、民主主義を軸にして経済ももっと伸ばせればいいっていうやり直し。ニューディール政策みたいな感じが、ラストベルトのやつらには刺さった。捨て置かれた貧乏白人たちが、俺たちを気にかけてくれてありがとうって。

でも、メヒコの人にしてみたら、誰もガバメントに期待してない。ペニャ・ニエト元大統領は顔がいいだけだろ、とか。アムロ［アンドレス・マヌエル・ロペス・オブラドール前大統領。ＡＭＲＯ。頭文字をとってそう呼ばれる］なんかジジイで何もしてねえし、とか。次は女性の大統領［クラウディア・シェインバウム。元シウダド・デ・メヒコ市長。エネルギーや環境問題を研究する科学者でもありフェミニストでもある］になったけど、アムロの側近じゃん。また何もしねえやつに首すげ替えるだけだろ、みたいな。フェミニスタから票を取りたいだけだよねって。メヒコ初の女性大統領っていうイメージがほしいんでしょ。誰になっても変わらないし、誰だっていいんじゃない、みたいな。

アムロが国民に人気だったかというと、そんなでもないよ。いや、はじめはあった。みんなの希望だった。ペニャ・ニエトなんかくそだ、アムロいいじゃんってなった。でも、なにもやらないじゃんって。アムロになってからシウダド・デ・メヒコにまでカルテルが入っちゃったんだ。ペニャ・ニエトは犯罪組織に金を払ってたから、シウダド・デ・メヒコだけはナルコの犯罪がなかったのに。ナルコが全土に広まって、グアダラハラのカルテルが手つけられないぐらい強くなっちゃった。ずっと一大政党が仕切りながらナルコとうまくやってたわけだけど、左翼政権になって解放しちゃった。バイデンと連動してね。アムロになった時はみんなメヒコが変わると期待したんだけど。これが俺が知るメヒコの大衆の一般的な意見だね。

媚びずに愛を貫く

岸田文雄前首相は、アメリカ国会で「日本は戦争準備を完了してるし、アメリカと肩を並べてブラザーになる」と言っちゃったからね。何もやらない政治家ばかりのなかで、すごいこと言ったなこの人と思った。いい悪いとかじゃなくて。「戦争のシーズンに突入しました」っていう宣言だよ。日本国民はそれを知るべきだよ。

彼はお父さんの仕事の関係でニューヨークのクイーンズで育ったんだよね。コニーアイランドでホットドック食べて、ニューヨーク・ヤンキースを仲間と一緒に応援して。「アメリカ人は僕を差別しなかった。だから僕は政治人生をかけてあなたたちに何かを返したい。日本はただ守ってもらって、アメリカの傘に隠れている国民だと思わないでほしい。だから戦争ができる準備をします」と。とんでもないこと言ったなって思ったんだけど、戦争の準備は世界の潮流だから。中国もあれだけ領海を侵犯してるし、ロシアも45分で北海道に上陸できるからね。ずっと沖縄だけ犠牲にして来たことに目を向けなきゃいけない。アメリカはまたトランプ大統領になって「日本のことは日本でやってね」ってなるんだよ。

中国も虎視眈々と狙ってるよね。民泊をやったり、オリンピックの跡地を中国人投資家に買われまくってることを日本人はどのように考えるのか。中国人っていうのは中国共産党員なんだから。日本に住んでて普段は仲良しでも、戦争状態になった時には、共産党の指令が出たら日本にダメージを与える工作をスタートするんだから。それをやらなければ国賊として罰せられるんだよ。日本人はぼーっとしてないで立ち向かわないといけない。中国人を差別するとかじゃなくて、中国がどういう国かを知らなきゃいけない。日本は麻痺してて、目の前に危機が訪れても「聞いてないんですけど」みたいなマインドセット。え。まじすか？戦争やるんすか？　みたいな。日本だけ見てたら絶対にわからない。アメリカが何を考えてるか。中国はどうか。それをメヒコ側から見るとまた違って見えてくる。

ここからが本題だけど、戦争がしたいわけじゃなくて、そういう状態になった時に、自分はどう生きるのか。

俺は愛を貫きたいし、俺のコミュニティを守りたい。ロシア軍や中国軍が来て、拳銃向けられて撃たれるその瞬間まで、俺はその愛というものを貫こうと覚悟してるよ。自分の愛する人や仲間たちと生きる。屈服するんじゃなくて。それをシミュレーションしてる。世界とか他人のことばっかり気にしてないで、まずは自分の身近にいる人、お母さんを愛そうとか、仲間を愛そうとか、そういうことが重要になってくる。そこが充実してはじめて他人に対してものが言えるようになる。それは冷たいことなんかじゃなくて、できないことはできないとはっきり言う。自分たちのことを精一杯やってたら、どこどこの国の戦争のために募金しますとか、そこまで俺は手が回らないよ。だから誰にも媚びないで、自分たちはこうです、これで愛してもらえませんか、って。そこから世界は劇的に変わってくると思ってる。ここでようやく政治や戦争の話から、「愛」の話に繋がるんだけど。トレス・エルマノスのど真ん中の考え方はこれだね。

06

愛と革命

AMOR Y REVOLUCIÓN

愛

俺が言う「愛」は、ラブ&ピースとか、なんかハッピーとか、ラクに楽しめばいいじゃんとか、そういうのとは全然ちがう。「だってタコスは愛だから」っていうトレス・エルマノスのキャッチコピーに雰囲気で「なんかいいよね」っていう人が日本の特に女性で多いんだけど、「なんかいい」ような言葉では全然ない。俺は、愛が自動的に手に入るなんてまったく思ってないんだよね。戦いの末にそれがあって、自分たちのやり方を貫いていった先に愛と思えることが待っているかもしれない。それくらい切実な言葉。なんでかって言うと、メヒコでは簡単に仲間が死んじゃうし、自動的に愛されることもない。

日本人のカップルがデートでうちの店に来て、俺が「スアデロできたよ」って声かけたら、女の子が弾かれたように立ち上がって、タコスを取りに来たりする。男の子に好かれたいとアピールしてるのか、日本の集合意識なのか知らないけど、男の子が女の子に愛されようと思ってないわけ。「金を稼いでるのは俺だ」と思ってるのか知らないけど、「立場」によって関係ができあがってる感じがするわけ。

でも、俺たちは女の人から生まれて、お母さんがいちばん大事。ビルヘン・デ・グアダルーペとか木花咲耶姫にも繋がるけど、俺は女神を信仰していて、女の人から生まれてきたってことの意味をわかってる。男は「獲物をとってきたから、これ食べてよ」ってやり続けてやっと生きられるんだよ。女の人はその人そのものの魅力とか、コミュニティを守るとか、そういう方向で俺たちを引きつけることができる。マジックをかけられるような生き物なんだよ。でも俺たちは、ずっと努力を重ねなければ愛されることとなんかない。

タコスに関する「愛」で言えば、メヒコの愛でできたタコスが簡単によそ者に奪われて、アメリカを通過して変に歪められる。それで勘違いした日本人がクソみたいなタコスを作る。そういうことで文化がぶち壊されていくわけ。そういう時にちゃんと「それは違う」とか「そういうことじゃないんだ」って伝えることは、事が荒立つから日本社会ではやらないみたいな風潮があるんだけど、俺は一切それを無視して言い続ける。だからこそ世界のやつらに愛される。特にカトリックをベースにしたやつらにね。お母さんが軸にあって、戦った末にちゃんと愛を手に入れるんだとか、自分たちのコミュニティ守るんだとか、そういう考え方をベースに持っている人たちに受け入れられる。そういうことを俺は「愛」って呼んでいる。

温泉で癒されたとか、サウナブームとかさ、全然わかんねえっていうか、自動的に立場ができあがっちゃう構造がある日本の社会の中で、てめえごときがどんだけ癒されてえんだよとか思うわけ。癒されたいと思うほど何もやってなくねえか？　シニカルなんだけど、俺はそう思ってる。日々の戦いのなかでの愛。ボブ・マーリーの「スリー・リトル・バーズ」って曲わかる？　「Don't worry about a thing, 'Cause every little thing's gonna be alright.（心配ないよ だいじょうぶ 何もかもうまくいくからね）」って。そういう感じが愛なんだよね。

ソーシャライズを磨く

メヒコの愛で重要なのは、まずは家族愛。愛は努力して作るもので、自動的にできあがるものじゃないよね。で、友だち愛や彼女との愛もそう。ラブにはヘイトがつきもので、彼女が俺を好きだからこそ殺そうとするみたいな。ものすごいヤキモチを焼いたりする。ただ、めんどくさくても全部しっかり口に出して伝える。言葉にできないことは何もない。日本みたいに「言わなくてもわかってんだろ」みたいな甘えきった関係性はない。すべてにおいて、ちゃんと言葉で自分の思いを組み立てなければ、そこには何もないわけ。「私のことどう思ってんの？」とか「うちの娘のことどう思ってんだ？」とか、面と向かって試される。「お前はそれを言葉にできんのか？」って。「言葉にしたからにはやるんだろ」って。そういうことで磨かれる。「まあまあそこは」とか曖昧にしたり、置き去りにしたことが、後になってすごい問題に発展する。「口にできないってことは思いがないんだろ」ってのは突きつけられる。そういうことはメヒコで学んだよね。で、それが今、日本でやってること。今やれることは絶対今やるし、やれないことをやれるって言わない。だからプロフェッショナリズムだけが磨かれるし、それ以外できないことはできないってはっきり言う。そういう気づきは多かったね。

週末の過ごし方も日本と全然違うよね。週末は絶対に家族と過ごす。日本だと休みの日は彼女と、とかって普通だと思うんだけど、お付き合いしてるぐらいの彼女には、週末を当てない。週末は家族。お父さんお母さん、親戚とかのためにあるから、家族公認じゃないオフィシャルじゃない彼女、彼氏とは会わない。俺がメヒコでお付き合いしてた人が、土日になるとパパとママのために時間を使うから、最初はびっくりした。え？ 俺は？ って。平日の夜、金曜の夜までは俺に時間をくれるけど、土曜日の朝からはファミリーのイベントごとになる。ただ、「イダルゴまでバルバコア食べに行くけど、行く？」みたいな、そういう感じで家族の集まりに呼ばれたりする。だから、彼女の親とか兄弟とか親戚とかとちゃんと仲良くできないと全然ダメ。日本は核家族で、若者は若者で集まったり、メヒコの常識を知らないからびっくりしちゃうけど。彼女や仲間のお母さんが病気だってなったら、みんなで助けに行くとかね。それが当たり前なんだよね。

だから、俺は月曜日の休みには山梨に戻って、ママとパパに会いに行く。日本だと、男友だちとかでそういう話ってほとんどしない。友だちといるときに「ママ元気？」って電話したりしないじゃん。でも、俺の店にいる30人の仲間はみんなそういうのがベースで生きてる。絶対大事じゃん。会議やってても、「もういいよ、ママに電話してあげなよ」、「会議の予定なんか飛ばそうぜ」って。この前、うちのスタッフのお父さんがカンクンに旅行に行ってる時に心筋梗塞になって、もうみんなで「お前大丈夫か？　仕事しなくていいよ。今ビデオコールしろ」って。俺も「お父さん大丈夫ですか？」って電話に出るし。今うちで働いてる仲間は、親が日本に来たら絶対店に来る。日本だと子どもの職場に親が顔を出すなんてないでしょ。だから家族はちゃんと近くにいて、そいつ

がどこでどんな人たちと一緒に生きてきたのかっていうの全部を尊重してる。それが当たり前。
日本だと家族はだいぶ後回し。家族なんてないような感じ。日本だけそうなっちゃった感じするよね。家族解体。昔は違ったと思うんだけど。でも、いま、そういう家族の形を取り戻せて、コミュニティができあがってきてるから嬉しくて。家族ぐるみで。ファミリーだって思える相手にはぐいぐいいく。仲間ってなったらすごいぐいぐいいっちゃうよ。相

手に対して全部開いていかなきゃダメだし。メヒコだと喧嘩したら殺されちゃうから喧嘩しないようにするし。言葉にまでそれが入ってるじゃん。「マンデ?」って聞き返すとかもそうだと思う。俺はいいやつだし、気取ってないぞってのを見せていかないと、すぐ揉めちゃうし、揉めたらすぐ殺されるから。だから相手に対して「開いている」ってことはすごい大事。

日本は大人としてのソーシャライズは磨かれない国だと思う。だけど、俺の店では外国人がみんなソーシャライズやってるから、うちの店に来ると日本の人も磨かれるだろうし、黙ってたら何も相手にされない。うちのお客さんって、友だちでもなんでもなくてもみんな開いてくれるから、それを見た日本の人もインスパイアされてくれたら面白いし、そこからコミュニティができることは嬉しい。

日本のタコスは、まったくわかってない人がわからないままに手をつけて、野暮中の野暮になっているままなんだよね。アメリカのベニハナレストランが鉄板焼きをやったことで、あれが日本食だと勘違いされて、鉄板焼き屋なのに焼き飯があるとか、ボルケーノみたいな玉ねぎを積んでそこから蒸気が出るとか、お客さんの口にピーナッツ投げるとかが日本食だと思われることと同じで、野暮中の野暮なんだ。鉄板焼きだって焼き飯だって日本にはないんだよ。でも、それを放置してたらそれが日本のものになっていっちゃうわけ。それを日本人としていいと思うかって言ったら思わない。俺にはメヒコの魂があって、それが日本に戻ってきた時に「なんだこれ」と思った。

日本でタコスやってる人たちは「メキシコ好きなんです」とか言うけど、スペイン語も喋らない。メヒコは英語を喋ってると思ってる人もいるくらいで。メヒコかっこいいよねって言ってるけど、それはチカノスとかロサンゼルスに移住した4代目の話だろうって。そんな人たちの何がメヒコ好きだ、タコス好きだ、って話で。「メキシコ愛があるから、日本でトウモロコシ育ててトルティーヤ作ります」とか、好きだったらメヒコから買ってくれよと思うよね。スペイン語喋ってくれよってね。そのカルチャーから愛してくれないと。イタリア人が急に「俺、寿司が好きで家でも作るんですよ」って言って、こんな三角形の型に入れたおにぎり出されたらどう思う。それはもちろん寿司ではないし、もうおにぎりでもない。メヒコでもラーメンブームだって言って、伸びきったどうしようもないラーメンが出てきたりするじゃん。

それと同じようなことが日本のタコスでも起きちゃってるんだよね。

それをどうでもいいじゃんと言う人はいるけど、俺はそうは思わない。俺が「日本にまったくタコスがない」って言っても誰も信じないんだけど。

俺たちが原宿で店をはじめるとき、インスタの4万2000人のフォロワーの90パーセントが外国人っていう状態だった。で、今8万人になった理由は、日本人が増えたからだよ。だけど、メヒコに行ったことがない日本人たちは、本物かどうかなんてよくわかってないんだよ。あそこのタコス美味しいらしいね、行ってみようって。違うんだよね。それがわかることが、あなたにとっての革命だと考えている。俺たちはその革命を、全然怖がってない。恐怖をなくして、愛だけで行く。

「知らぬを知る」からはじめる

今からタコス屋はじめたいって若い人がうちの店に来るんだよ。でもプライドが邪魔して「知らぬを知る」ということをできないままの人たちもいる。スペイン語も喋らない。メヒコにも行かない。テレビや雑誌が紹介したメヒコを見てる。フィルターがかかりまくったメヒコで、アメリカ経由の歪みまくったメヒコだったりする。その程度でメヒコ好きって言っちゃえるほど、知らぬを知らないんだよ。で、知ってるやつから聞けないんだよ。プライドがあるから。大きな勘違いだよ。

日本は教育のレベルが低い。言語能力も低い、コミュニケーションも低い。経済も低くなった日本。戦後80年ぐらい経って、こんなになってしまった。日本にずっといる人は日本の問題を知らないんだよ。その人に何がわかるの？　タコスが作れるの？　って思うよね。

　でも俺は世界を見てきて、日本に戻った時にびっくりした。知ったかぶってるけど、お前何も知らねえじゃんってやつがはびこってる。それを誰も言わないんだよね。だから俺が言ってる。「粋」って知ってるかい？って。昔は、ストリートにそういう人が、旦那衆がいたんだよね。道を教えてくれるおっちゃんたち、兄貴たちがいたんだよ。そういう人たちの目があるから野暮はできないんだよ。へんなタコスは作れないんだよ。今、俺が言ってることに刺さってる人がちょっとずつ増えていて、こんなちんちくりんじゃまずいよねって。フォークでタコス食ってたらまずいよねって。

　そういうことに気づいていくこと、変わってくことが革命。「知らなかった。俺はこれがタコスだと思ってた」って人たちが。世界の58億人が知ってるのに日本の1億2000万人だけが知らなかった。これが本物のタコスなんだよ。まずは日本人やべえなってとこから気づいて変わっていく。

「メヒコで修行しました」

トレス・エルマノスをはじめる前に、日本のタコスをリサーチしたりはしてないんだよね。メヒコから帰ってきてタコス食いたいなと思って食べに行ったことは何度かある。日本にもこれだけタコス屋があるからきっとあるはずだと思ったし、出会った人が「うまいタコスあるよ」って言うから真に受けて食べに行ったけど、タコスじゃなかった。東京、横浜、大阪、沖縄。いろいろ食べに行ったけど、タコスじゃなかった。マジかよって。店の名前は出さないけど、俺の仲間たちもみんな同じ反応だった。うまいまずいの話じゃなくて、俺の知ってるタコスじゃない。日本の食材を使ってとか、日本人にも食べやすいようにとかやってるんだけど、どこ行ってもやばい。日本に俺が食べたいタコスはひとつもなかった。

俺がメヒコで食べたあのタコスを食べたいと思ったけど、どこにもなかった。だから、あの味を日本で再現しようと思ってできたのが、トレス・エルマノス。日本人向けにとかは一切考えてなくて、俺が食べたい「あのタコス」を出してる。メヒコのタコス屋で修行して、とかじゃないよ。メヒコで「タコス教えてください」なんて言ったら、へたしたら殺されるからね。「お前は俺たちのファミリーからタコスを盗むのか」って。メヒコで修行して日本でタコス屋をやるなんて、それは俺からしたらただの盗みでしかない。それはメヒコになんにも還元してないからね。メヒコの人たちから盗んで、自分が儲けたいだけじゃんって。

一瞬一瞬の輝き

商売の基本は、すぐにはじめられて、すぐにやめられること。メヒコのストリートでもそうだし、日本だとテキ屋って言ってもいいかもしれない。続けることに固執することってすごいダメで、何も持ってないってことが強いんだよね。自分が死ぬ時、何かを持っていたいって思うから恐怖が生まれるし、システムが生まれる。そこからどうやって自由になるか。エカテペクのお父さんも、「俺たちは何も持ってないから、何も怖くないいんだ」って言ってた。死と隣り合わせだと、何かを持ちたいって思わなくなる。

もちろん責任はとるよ。やめようと思ったときには人に譲ってさっさとやめる。仲間に教えて、後継者を育てて引き継ぐ。仲間がいてコミュニティがあるんだから、そういう人たちに俺は責任があるからね。

でも、一瞬一瞬なんじゃない？　だからこその輝きなんじゃない？

俺はいつも「人生は一瞬の花火で、俺たちはその火花」って言ってるし、そういうところに世界の普遍はあるし真髄があると思ってる。続けることに意味があるとは思わない。

07

トレス・エルマノスのやり方

CÓMO HACER HERMANOS

マーケットインしない

俺はずっと、自分がやってることに金を払いたい人がいて、それに対してプロとして応えていくっていうことで生きてる。その時にマーケットインってものをしたかって言ったら、しないんだよ。市場調査なんてしない。今こういう感じが流行ってるから、こういう感じでいこうかなみたいな、そういうみすぼらしい、下から合わせにいくみたいなことはやったことがない。それは品格だよ。生きてきた品格。自信を持って生きていくなら、人間の品格として、下からいくことはできない。

例えば、音楽でも、俺は0から1を作るのが得意なのね。その1を膨らませる、1×◯◯ってやるのがビジネス。俺はそのビジネスの1を作るのがうまい。自分が生きてきた感覚をしっかり捕まえることが上手だ

APOCATEPETL
lays del monte fuji

からね。だから一瞬でマーケットインできちゃうのかもね。リサーチとかじゃない。「こういうのってこうだよね」ってすぐに言えちゃう。プロダクトアウト、自分たちの商品を出す時でも、こういう感じで出せばいけるってのが瞬時にわかっちゃう。さっき言ったマーケットインってのは、市場を読んで、商品を作ろうとすること。そういうことは、わざわざやらなくても、生きていれば自然にできる。それがプロダクトアウトになる。

唯一無二になる

イタリアの仲間たちと接してるなかでも感じたんだけど、日本は「徹底的に自分を愛する」ということができないでしょう。独りよがりで自分が好きとかじゃなくて、世界のやつらはなんでそんな自信があって、どうしたらそんな風にいられるのかというと、普遍を掴んでるんだよ。普遍的な優しさとか、普遍的な気持ちよさとか、普遍的ないいやつってのはこういうことだってことを。世界中どこでも変わらないものを持ってて、そこからずれないわけ。

一方、日本では「こういう感じがかっこいい」、「髭生やしてるのがワイルドでいいね」、「今はちょっとオーバーサイズがかっこいい」とか、ずっとコロコロコロコロやってるじゃん。全部板についてないんだよ。みんな、「自分」ってものを知らないわけ。

教育から違うんだ。俺、ガキの時に先生に「スティーヴィー・ワンダーになりたい」って言ったら、「なれるわけないでしょ」みたいに言われて、二度とこいつらの言うこと聞かないと思ったわけ。でも、うちの親父は「なろうと思ったらなれる」と言ってくれた。ちゃんと言ってくれた。そうだよね。はい、それいただきます。なろうと思えば、何にだってなれるしね。それが教育。「自分になる」ってことにちゃんと気づけるかどうか。

でも、ガキの時に警察になりてえとか消防士になりてえとか、嘘だろ。そんなのは全部空気読んでマーケットインしたガキだよ。親の顔見て「いい大学行ったらいいかな」、「これ着てると恥ずかしくないでしょ」みたいな。そういうところからちゃんと逃げていくこと。それが新しいし、俺たちのオリジナリティが際立つわけじゃん。それがビジネスをつくることにも繋がる。唯一無二で圧倒的。アルティメット・セールス・プロポジションっていうのがわかってるわけ。唯一無二の俺たちの肝っていうのが。

音楽やってたときも、動画制作やってたときも、これは俺にしかできないってことをパッと選んでやる。インスタの使い方にしても、俺しかできないのはこれじゃんって。そこさえ外さなければもう成功間違いないっていうか、失敗はしないと思うよ。なんでかって言うと、唯一無二になってユニークなものには興味が集中するから。みんなそこにお金を払いたいんだよ。

「絶対謝んなよ」

うちのタコスは２０００円ですけど払えたら払ってください、払えないんだったら来なくていいですってスタイルでやっている。それが高いと思うんだったら、別にあんたの来るところじゃないんで、わかんないんだったら払わなくていい。

それなのに自分から食べに来ておいてＧｏｏｇｌｅのレビューにちっちゃいこと書くようなやつってのはずっと惨めなんだよね。「サイズが小さいのに2000円もした」、「本場のタコスを謳っているのに高かった」、「スペイン語で接客されて、偉そうだった」とか。お前みたいなちっちゃいやつの価値観から俺たちのこと測られても別にいらないからって。誰にもできない前人未到のことをやってるから、惨めなお前に言われても、なんにも響かない。嫌なら別に来なきゃいいだけでしょ。それくらい自信を持ってやってる。ああいうレビューも俺は無視しないで1個ずつ潰していくよ。

でも、日本人はそれをやらない。それはなんでかって言うと、自分らに誇りがないし、戦うつもりがないから。だから嫌なレビュー書かれて「困ったな」ってなるんだよ。「お客様申し訳ございません」って。俺たちが謝るわけないじゃん。

俺は自分の店で働く仲間たちにいつも言ってる。「絶対謝んなよ」って。スタッフに怒ったことあるよ。「トレス・エルマノスを代表して謝ったの？　勝手に謝るんじゃねえ」って。なんで謝るんだって。謝っても解決しないじゃん。

シウダド・デ・メヒコに住んでた日本人のスタッフがいるんだけど、まだ彼女が働く前、クリスマスの日に山中湖の店まで食べにきて、感性が面白いし見どころがあって、すぐに仲良くなって、すごいやる気もあって、じゃあうちで働こうってなったんだけど、いざ働きはじめたら、「ヤマトさん、よろしくお願いします」ってなんか下から来たんだよね。それで俺は怒ったの。「気持ち悪いよ、それ」って。俺が雇い主でおまえはアルバイトって立場で、安全な位置にいれば努力しないで済むと思ってるの？って。そんなことで俺たちに取り入ろうとするんじゃないって。働きはじめてからも「すみません」とかすぐに謝ったりして、なんだよそれって。急に日本的なメンタリティで来られても俺たちは絶対空気読まないぜって話をした。俺たちは俺たちにしかできないことを自信を持ってやってるんだから、お客さんに対して絶対に謝るなって。なんかをなぞって簡単に生きようとしてんじゃねえよって。自分でやってみろよって。「お待たせしました」じゃないよって。「食べてみて。美味しいでしょ？」でいいじゃんって。最初から泣くくらい言っちゃったんだけど、そしたら彼女はちゃんとわかって、変わっていった。今いるうちのスタッフは、全員それが共有できていて、自然にそういう発想になっている。

俺たちがやってるエル・チランゴってパーティに遊びに来てたベラクルス出身のスタッフも、「おまえ毎回いるな。じゃあうちで働きなよ」ってところからスタートしてる。俺がみんなが輝ける土壌を作るから、スタッフのみんなはプラントで、そこでのびのびと枝を伸ばしてくれたらいいと思っている。わかったような顔して「働きたい」とか言ってくるやつもいるんだけど、プラスチックかなんかの造花で「ぼくメキシコのことわかってるでしょ？」って来られても、うちの土壌に混ざったらただのニセモノだってバレちゃうよ。

雇う前にそういうやつはだいたいわかっちゃう。ちょっと話せば、俺は判断が鋭いから、変なやつ雇っちゃったなみたいなことは起きたことがない。急に働きたいとか言い出しても、うちのタコスも食べたことないのに何が働きたいだ、って思うよね。店に来たら、スペイン語話せないと使い物にならない、くらいわかるよね。スタッフとどうやってコミュニケーションとるの？　でも「タコスやりたいんです」って。え、俺たちから盗もうとしてるの？　俺たちを使おうとするんじゃねえよって。盗もうとするやつを雇うわけないし、怒らないわけないじゃん。それくらいわかってほしいよね。

俺たちは徹頭徹尾そういうことをやっている。ビジネスでも俺たちがやるならこうなる、ってことだけをやっている。それがど真ん中の考え方。プリミティブな要素を引っ張ってきて、俺たちのコミュニティを作って戦ってる。戦いの先に愛があると思うし。俺の場合はね。で、俺はそういうのが好き。

水は上から下に流れる

インスタにいる8万人のフォロワーで言うと、俺が生んだ1から8万の気持ちに変わってるわけ。それはやっぱ仕掛けがあって、「変なことをしない」ってこと。例えば、水は上から下に落ちる。変なことっていうのは、下から上に水をあげるようなこと。例えば、山中湖の紅葉祭り。俺たちのトレス・エルマノスの本店の目の前でやるわけだ。紅葉祭りって、昼間にお散歩して、「紅葉って素敵だな」で十分じゃない。なのに

なんで夜にライトアップしなきゃいけないの？　さらにチームラボが絡んで、ピカピカピカピカ。触ったら光る玉を置いて、それに２０００円払って小道を歩くバカがいるわけ。外国人はそんなものに誰も金払わない。お台場のチームラボだったら、すごいインタラクティヴだねでいいけど、それを紅葉とコラボする意味あるか。そういうのは水を下から上に上げようとするようなことで、オーガニックじゃないんだよ。へんなことをせずに、普遍的なことをやる。興味あるやつは集まる。水を上に置いたら下に流れる。それだけ。本質的なことしか言ってない。

トレンドとかマーケットを作ってお金にするっていうのは、もう不自然なんだよ。そんなのはもう40年前に終わってる。結局、日本の道具とか、伝統の食べ物とか、綺麗な色だったりとか、日本の光に合う雰囲気とか、そういうものが残ってて、それはもう何千年も何百年も前からあるもの。

リミックスしかない

0から1を新しく作れると思ってるバカもしょうがなくて、リミックスしかないよ。そのリミックスが先進性なんだよ。俺は元々モッズだから、「精神的に常に新しくいなきゃいけない」っていう哲学がある。懐古主義なんていちばん馬鹿らしい。意識的にやってるならまだいいけど、精神的に新しくないのはダメなんだよね。

新しくないといけないってことと関連して、俺がメヒコに感じたのは、0から1を生まなきゃいけない、ってこと。誰かの真似してると「お前なんだよそれ」って感じじゃん。0から1やった瞬間に「やべえな、お前」ってみんななるじゃん。日本はずっとハスに見て様子をうかがってるから、0から1は生まれにくいよね。でも俺の場合、58億の違う目線を知ってるから、日本人にウケなくても外国人に超ウケる。または日本の才能ある人にウケる。企業のトップとか、芸術家でイケてる人とかに「やべえな、あの人」って。生きててやってることが芸術みたいだよねって思われる。だからどうでもいいわけ。日本人にウケるかどうかなんて。

土壌をつくる

コミュニティ作りって土壌なのね。俺らの農場っていうか。スペースを作りました。その土壌は、どんな光を浴びた時に栄養を溜めるかとか、どんな雨が降ってるかってのが共有できてるわけ。そうすると、その同じ土壌から出てきた植物って、同じように育っていって、枝の伸ばし方、光への向け方、何を光だと思うかとか、葉の向きとかも一緒なの。俺がミカンのカテゴリーだとしたら、そこから派生してリモン［ライム］みたいなやつが育ったとしても、大きくずれないんだよ。それなのに、「俺がミカンなのに、お前リモンやるんじゃねえよ」みたいな人多いよね。リーダーでそういうダサいやつが多い。てめえが何者か知らないわけ。

ラーメン屋のおじさんが、弟子を育てられずに一代で潰しちゃうみたいなことが日本ではよく起きてるけど、俺だけなんだと勘違いしてるやつって、頭悪いわけ。でも俺は違う。若いスタッフにもやらせてて、あいつらにはあいつらのタコスがあるわけ。トレス・エルマノスっていう土壌の中の違う幹を持ったタコスがある。メヒコのお父さんと日本のお母さんから生まれた男のタコスがあるし、シウダド・デ・メヒコの面白いところを体験した女の子としてのタコスがあるわけ。だけどトレス・エルマノスっていう土壌は違わないわけで、根っことか栄養分のやり方ってところ。完全に継承してるんだよ。

メヒコに還元する

「メヒコに還元する」ってのは俺たちのコンセプトの最重要な部分で、いつも言っていること。俺が日本で両親の介護をできているのは、これをやったからだよね。

メヒコで食べたあのタコス。そのタコスをぶらさないで、メヒコそのままを日本でやったからこそ、ここまで愛されるようになったし、そのコンセプトがウケた。その元になってるメヒコのストリートのカルチャーと、俺と関わってくれたメヒコの仲間たちが、俺に生きていく知恵をくれた。関係ないうちの父母まで守ってくれることに繋がったんだよ。それなのに、彼らに還元しない理由はない。自然な発想としてね。何だったら返せるだろうって思うよ。

で、モリノ・カンポと手を組むことにした。メヒコの原住民の農家から100%在来種のトウモロコシを仕入れて、ニシュタマリゼーションっていう伝統的な製法でトルティージャをつくってるのがモリノ・カンポ。俺がメヒコから独自に仕入れて、うちの従業員でトルティージャつくればできちゃうんだけど、それだと俺だけが儲かる。でも、俺だけが儲かってもダメなんだよ。俺の今の勢いとビジネスの規模でモリノ・カンポを押し上げれば、メヒコに金は戻るんだなって思った。

ビジネスをでっかくするにはどうすればよいかって考えたときに、メヒコの農村の人たちさえ忘れていきそうな、なくなってしまいそうなトウモロコシがあったから、彼らから仕入れるだけじゃなくて、彼らと一緒に考えようって。もしかしたら、これは大事なことなんじゃないか。だって彼らは「イホ・デ・マイス（トウモロコシの子ども）」を誇りにして生きてきたんだから。で、モリノ・カンポには、「覚悟して、規模を大きくしよう」って話したの。これまで100枚、200枚規模でやってたのを、俺たちと組むことで一気に月産10万枚、20万枚にするぞって。彼らの理想は高いかもしれないけど、このままだとメヒコに還元できない。俺たちは口ばっかりで、ただのメヒコぶってるおもしろガイジンで終わっちゃうぞ、って説得してね。子どもも生まれて、いつか子どもに自我が芽生えたときに、うちの親父はメヒコを誇っていてかっこいいと思われるようなパパになろうぜ、頼むって。俺の利益なんかより、おまえとメヒコ、おまえと娘だぜって。

そう思ったら、俺は徹底的にやる。今、原宿に店を出して数か月で、「Xで見ました」とか軽薄な日本の女の子のインフルエンサーみたいなのがやって来て、「本場のタコス見つけた」みたいな感じでインスタにあげたりしてるの。みんなが軽薄とは言わないし、来たからには気づいてほしいと思って頑張ってるけど、「オシャレで美味しいもの食べられた」ぐらいにしか思ってない。日本全体がそうじゃん。ピザをイタリアから奪ってぶっ壊してみたり、台湾バブルティーを流行らせては、「もう2度と食べたくない」って思うくらいにグチャグチャにして。ほかの国のカルチャーを、どういうつもりでそんなことするわけ？　タコスにもそういうことが起こってるのが現状。俺の愛するメヒコと俺が還元すべき人たちを無自覚に潰そうとするようなやつらには俺は黙ってない。そのひとつひとつの戦いが、メヒコに繋がるわけ。

コピー＆ペーストして広げる

かっこつけてるように聞こえるかもしれないけど、自分たちだけで稼がずに、まわりやメヒコに還元することで、それが自分たちにも還ってくる。それがトレス・エルマノスのやり方。

そのやり方をコピー&ペーストして、タコスだけじゃなくて、キューバサンドとか、ジャマイカのジャークチキンとか、それぞれの国の外国人たちとビジネスを広げていこうとしている。最初はフードトラックからスタートしてね。横田基地とか福生とか、トラックをどこに出店するかとかのノウハウもあるから、それをトレースして、インスタグラムのやり方なんかも教えてね。コラボするお店も、トレス・エルマノスが抜けた場所に、キューバサンドとかジャークチキンが入っていく。カルニタスに特化したケンタコっていうタコスもスタートしようとしている。

俺の地元の葭之池温泉、富士山信仰を支えたのは、江戸の粋な旦那衆だった。その人たちが江戸のカルチャーを富士山の富士道を通して広めたし、富というものを広めたわけだよ。だから俺たちは旦那衆にならなきゃいけない。独り占めしない。独り占めはダサいし弱いんだよ。

で、最後は結局、エカテペクのお父さんの「死んだら何も持っていけないのに、取られたら困るものなんてないだろ」ってことば。メヒコは人事を尽くして天命を待ってる時に命を取りに来ちゃうような国だからさ。プロテクションはするけど、最終的にはノー・フィアだねって。そのことばにはめちゃくちゃ影響を受けた。

ちゃんと稼ぐ

横浜家系ラーメンの吉村家がすごいなと思うのは、頑固おやじ、こだわりおやじ、おっかないラーメン屋みたいに思わせながらも、しっかりとビジネスをやっているところ。こだわったラーメンを作って人気もあるから、その味を守ってればいい、なんて考えは微塵もなくて、そこに甘えてないんだよね。後継者ができませんでした、一代で潰れます、なんてみすぼらしいことはなくて、ちゃんと後継を育てて、ちゃんと稼いでいる。みすぼらしいのは嫌いなんだよ。そんなの自己満足じゃん。いっぱい稼げ、ハンターならとっとと狩ってこい、狩ってきたことが価値になる、って話。鹿を狩るにしても、道具作るやつ、武器をもって仕留めるやつ、運ぶやつ、ってみんな役割分担がはっきりしている。「ちょっと自分はまだわからないんで、一緒にいておこぼれもらえませんかね」みたいなやつはいらないんだよ。吉村家はちゃんと役割分担ができてるわけ。

「一部上場企業をやめてきたんでラーメン屋はじめたいです」みたいなやつに、「てめぇ、なめんなよ」って本気で怒るんだよ。「おまえ、嫁さんまで巻き込んで、そんな生ぬるい気持ちでラーメンやるのか」って、そういうのをちゃんと見抜いて、ぶん殴るわけ。で、嫁さんを泣かしちゃうんだけど、「おまえ、このままでいいの？　旦那がこんな怒られてるの見るのやだろ。旦那がちゃんと男にならないと、おまえまで路頭に迷うぞ」って。これって愛でしかないじゃん。

俺も自分の仲間に対して、「おまえ、メヒコから日本に来て、日本語喋れないままでいいと思ってるの？」って。そういうことに対して俺はちゃんと「ふざけんな」って言う。「自分の子どもに、カタコトのお父さんかっこ悪い、って言われたままでいいの？」、「おもしろガイジンみたいに扱われて、時給700円で何百時間も働きまくるみたいなお父さんじゃ、いつまでも子どもに尊敬されないよ」って。「ボーっとしたままで、自動的に愛されると思ってるの？」って。頑固おやじ、こだわりおやじと言われようが、こういうことを正面からちゃんと言って、自分たちが誇りをもって働いてちゃんと稼ぐことで、そこに希望があることを見せる。それが雇用を創出することにもつながるし、「お父さんかっこいい」ってことにもつながってくる。実際、俺たちが誇りをもって働くことで、認められて、ちゃんと稼げるようになって、自分の息子から尊敬されればじめた仲間もいるからね。吉村家も、そういうことをちゃんとやっている、そこがリスペクトだし、見習うべきところだよね。ただのこだわりおやじなわけねえじゃん。ただのラーメン屋じゃねえしって感じだよね。革命に近い感じ。圧倒的に行動するじゃん。言ってることに筋が通ってるし、生ぬるいものにはビシッと言って終わり。

「横浜家系」というジャンルをつくって、街をフックアップしているところも最高。吉村家からはじまって、日本中に横浜家系ってものが広がったからね。トレス・エルマノスの場合は、「この街」みたいなのはないけど、ちゃんと「ストリートに根ざす」、「その街に根ざす」っていうことは意識している。タコスってのはストリートの食べ物で、都市機能があってこそ盛り上がると思うから、トレス・エルマノスがその街にできることで、原宿を盛り上げるとか、次は渋谷、次は名古屋、みたいなことは可能だと思う。

ラーメン二郎のことはあんまりわかってないんだけど、ジロリアンみたいな熱狂的なファン、トレス・エルマリアンみたいなのができつつあるのは最高だなって思うよね。俺の写真を動画からキャプチャして勝手にTシャツを作った人がいたりして、なんだこれ気持ち悪いなと思う反面、すごい面白いな最高だなと思うし、現実としてもうそういう現象がおきはじめてる。自分がぽんって置いた仕掛けが燃え上がって広がっていくってことは意識している。そういうのが面白いし好きなんだよね。二郎インスパイア系みたいなラーメン屋が日本全国にたくさんあるけど、トレス・エルマノス・インスパイアな店が続々と出てくることも期待しているし、そういう種は常に蒔いていている。この本も、その種のひとつだよね。

メヒコから噂が広まった

日本人は全然気づいてないけど、日本にはたくさんのメヒコの人がいて、タコスがまったく食べられない状況ってのがまずあった。日本人は誰も信じないけど、メヒコの食が不足してる。米がないと日本人は辛いよね。それと同じ苦しい状況が日本にいるメヒコの人の間で起きている。日本にはタコスがない。そんな時に俺が現れたわけ。

たまたまメヒコのYouTuberが「本物のタコスが日本にある」って紹介してくれた。で、その次にハポン・デスコノシドが俺の人生を深く掘り下げたドキュメンタリーを作った。「なぜメヒコの人に圧倒的に支持されるタコスが日本で生まれたのか」っていうのをバーンってやってくれた。それでぐっと再生回数いって有名になった。

じゃあ、なんでメヒコ全土の、日本になんか興味ないやつらが俺を知ったのか。いちばん大きな決め手は、ロリータ・アジャラというジャーナリスト。自分のテレビ番組を持ってる人で、若い子から年配までみんな知ってるようなおばちゃんで、日本で言ったら黒柳徹子さん。タモリさんにも近いかもしれない。社会に切り込むような説得力のあるおばちゃんで、そのおばちゃんの自宅に招かれてインタビューを受けることになった。メヒコの誰もが知ってるような国民的な番組だよ。で、「パパとママのためにメヒコから日本に戻って介護してるの？」、「メヒコのカルチャーを守って、メヒコに還元する活動をしてるの？」、「食材は全部メヒコから仕入れてるの？」って、一気に広まった。だから俺は日本よりもメヒコでのほうが有名だし、やっていることもメヒコの人のほうがよく理解している状態。

飢えてる人がいる場所に出す

山中湖は地元だけど、フードトラックを出す場所は横須賀、横田、福生を選んだ。それはもちろんコミュニティがあるから。簡単な話で、米軍がいる街は、外国人が何万人と生きてて、その人たちが、ほぼみんなタコスを食べたい。これがわかってんだから、やるべきだよ。

で、日系ペルー人の仲間が横須賀でタトゥースタジオをやってるから、彼とコラボレーションをやった。横須賀でタコスやったらこんなにウケるんだ、じゃあ次は横田でもやろう、福生でもやろうって。厚木でもやったけど、あそこは人が少ないってわかったから今はやってない。シンプルに、コミュニティと人間がいるから、そこで売りまくるぞって。マーケティングなんてそれくらいのもので、ただただただやりまくる。身体を

TACO PARTY?

動かしてやりまくる。

ほかの場所でもやったけど、日本人にとってはタコスはただのイベント。青山ファーマーズマーケットとか下北沢のボーナストラックとかでもやったけど、それはそれでいいんだけど、お祭りでタコスうまかったね、みたいな感じだな、こいつらと思った。日常的にタコスを欲してる人たちと、お祭りの人たちじゃ、タコスの重要度が全然ちがう。本当に食べ物としてタコスに飢えている人のところにいって売るべき。砂漠で水を売るってこと。そんな場所でボトルがかわいいとか関係ないわけ。オシャレとかどうでもいいし気持ち悪いわけ。私だけ知ってる、俺だけ知ってるみたいに囲いたいやつらが多い場所もあって、そんなのはみみっちいなと思って幻滅したね。広げないんだよ。だから場所を絞った。狩人として精密な狩りをしたいと思ってね。今はちゃんと食いたいっていう人がもうすでにいる場所で狩りをしてる状態。

飯田橋のフランクス・バーバーの一角を借りてタコスを出しはじめたのは、コミュニティ作りってところをトレースして、日本の中でそれをやってみようって思ったの。はじめた瞬間から思ったのは、床屋の兄貴たちは俺たちに絶対刺さるってこと。相性がめちゃくちゃいい。「男は床屋を変えない」っていう言葉がある。女は美容院を変えまくるんだけど。メヒコでは入れ墨入れまくってカッコつけてる行きすぎた床屋、グルーミングみたいな床屋が流行ってる。それもいいんだけど、メヒコで俺が髪を切りに行けないのは行きすぎたセンスが怖いから、というか俺のセンスをわかってくれないから。男なんだからこれでいいんだよ、「フスト・タコ（タコスはこれで十分）」みたいなのがないわけ。逆に日本の美容室はフェミニンに持っていくというか「ソロ・エン・ハポン（日本独自）」みたいな価値観を俺に植え付けてくる。どっちもやりすぎるわけ。刈り上げて七三か伸びちゃうか、どっちかなわけ。それなら1000

円カットのほうがいいじゃんって。

でも、よく考えると、日本の床屋のほうがプロがいるなと。で、飯田橋のフランクス・バーバーいいじゃんってなったわけ。利用者たちもかっこよかった。やったら見事、サブスクリプションで定期的に髪を切りに来てるおじさんたちとか、かっこいいお兄ちゃんたちが髪切ってたんだよ。そいつらが毎回タコスを食いに来る。相性いい。で、コミュニティができた。

ちゃんと嫌われる

アメリカ白人がやってるような流行りのクラフトビール屋でもやってみたけど、そこはまたそういうのに洗脳されたような、上からものを考える「俺アメリカにいたんで」みたいなクソが多かった。クラフトビールのコミュニティってのは、白人の負け犬からはじまってるカルチャーのくせに上からもの言ってくる。日本だとなぜかそういうのがかっこいいと思われてるからシャクだなと思って、興味がなくなった。今残ってるいくつかの場所はばっちりハマった場所だけ。

俺たちはいつでも原宿にいるんだから原宿に来てくれよって。ただ、コミュニティ作りっていう部分で、「ただ食われてる店」になるのがシャクだから、「売り切れごめん」を繰り返して嫌われようと思ってる。「朝11時に並ばないと食べられません」って。簡単に食われたくない。価値がわかんないやつにはちゃんと嫌われたい。わかるやつにやべえなって思われたい。それが大事。それで十分。原宿に来た理由も特になくて、神様のお告げみたいな感じで、原宿にどっかいいとこないかななんて思ってなかった。ここがどんな場所なのか知らないけど、観光客もいっぱいいて、そういう人たちが来やすかった。結果的に素晴らしい場所だったね。

あとがき EPÍLOGO

日本の人たちが愛ってものを変に捉えてる象徴的なことが、店をやってみたらいろいろわかった。「タコス頼んでいいですか?」、「ここに座っていいですか?」、「食べていいですか?」、「このゴミ箱に捨てていいですか?」。全部、誰かの許可がほしいんだよ。自分が責任取りたくないから、こっちに決めさせるようなスタンスになるわけで、俺はそれに対して「自分の人生じゃないな」って思うわけ。

「犬連れて入っていいですか?」、「子ども連れてきていいですか?」って、うん、いいんじゃないですか。だって自分の大事な犬や子どもでしょ。それは僕に依存するんじゃなくて、あなたがどうしたいかでしかないし、あなたの愛を貫いたらいいじゃんっていうこと。あなたがそうしたいんだったら、やっていい。で、俺たちができることは、犬が来るならここに座ればいいんじゃないとか、子どもがいるなら音楽のボリューム下げようとか。俺たちにできることはやるけど、最終的にはあなたの子どもで、泣きまくって他のお客さんが嫌な顔するなら、あやしたらいいんじゃないですか。それ、僕の仕事じゃない。大人の世界にいる子どもや犬が大人の世界を崩すんだったら連れてこない。それは誰かに決められることではなくて、個人がやること。あなたがケアできるんだったらいいんじゃないっていうのは、日本以外、世界中がやってるね。

そういう厳しさがあってこそ愛が溢れる。そういうのが世界にはあるんだけど、日本にはそれがない。店をはじめて、子どもや犬のために俺たちが何かを用意しようなんて考えなかった。でも、日本の人たちは、店側が犬のフックをつけてあげよう、犬用クッキーを用意しとこうとか、こういうことをやるのが愛のある店だよねって思うのかもしれない。でも、俺はやらない。やるのはあなたなんだってこと。あなたの犬で、あなたの子どもで、あなたの人生なんだから。

愛は湧き上がるわけ。愛は与えるもので、あなた自身から湧き上がるんだ。誰だ、無条件に愛を与えられる人間だと思ってるのは。自分が与えることができる人間になるんだって覚悟して、1秒1秒生きるんじゃないの。それがトレス・エルマノスに起こってることで、俺たちのメンバーはそこに厳しく生きてるよ。だから、この本でそういうことが伝わったらばっちりだね。

２０２４年11月　古屋大和

著者プロフィール

古屋大和 Yamato Furuya

1974年、山梨県富士河口湖町生まれ。富士山信仰の浅間神社・葭之池温泉の家系で育ち、ミュージシャン、広告映像制作などを経て、2015年にメヒコへ移住。2021年にタコス専門店トレス・エルマノスを起業。フードトラックで横須賀、福生、横田などに出店し人気を博す。2022年に山中湖店、2024年に原宿店をオープン。日本より先にメヒコ本国で「メヒコのタコスそのものだ」と話題となり、日本にある唯一無二の道端タコスとして支持されている。愛称はジャミタ（Yamita）。

～だってタコスは愛だから～
Porque los tacos son amor

Instagram: @tacos_3hermanos_df
YouTube: @3hermanos_DF

Taqueria 3hermanos YAMANAKAKO［山中湖店］
山梨県南都留郡山中湖村平野506

TACOS 3HERMANOS HARAJUKU［原宿店］
東京都渋谷区神宮前3-26-5
URAHARA CENTRAL APARTMENT

写真提供：古屋大和、三浦洸司

タコス トレス・エルマノス

TACOS
3Hermanos
de Yamato

愛を貫く

タコス・トレス・エルマノスの革命

2025年1月14日 初版第1刷発行

著
古屋大和（タコス・トレス・エルマノス）

装丁
重実生哉

発行人
圓尾公佑

発行所
合同会社Type Slowly
〒181-0013
東京都三鷹市下連雀8-3-11-602
TEL 080-9463-6985
https://www.typeslowly.co.jp/

印刷所
中央精版印刷株式会社

ISBN978-4-911273-03-6